読書会という幸福

向井和美
Kazumi Mukai

岩波新書
1932

はじめに――本をとおして人とつながる

文学にのめりこむ

わたしの両親は、けんかばかりしている夫婦だった。食事中も車の中でも罵り合い、互いの悪口を子どもに言い、深く憎み合っている夫婦だった。だれにも信じてもらえないだろうが、両親がふつうの会話をしているのを、文字どおり一度も聞いたことがない。言い争っていないときはずっと沈黙していたし、食卓を囲んで家族で会話を交わすことなどほとんどなかった。父はごくたまに会社の同僚を家に連れてきた。そのときだけは、さすがにそんな夫婦関係が自分でも気まずかったのか、母の問いかけに「ああ」とか「うん」とか答えていた。それを聞いて、小学生だったわたしは、「あ、両親が会話をしている」と妙に嬉しく感じたのを憶えている。

こんな環境は子どもにとって地獄である。わたしは自分の部屋にこもって本にのめりこむようになった。それ以来、わたしにとって本は現実逃避の手段であり、人間の機微を教えてくれる人生の学校であり、悶々とした想いを昇華する場でもあった。ひとりになって物語の世界に浸ることがなによりの幸福だった。この当時の読書は、ひたすら自分自身の深みへと内向していく読みかただったように感じる。

そんなことを思い出したのは、わたしが参加している読書会の課題本『人間の絆』(サマセット・モーム)を読んでいて、はっとする描写に出会ったからだ。主人公の少年は幼くして両親を亡くし、伯父夫妻に育てられるが、脚が不自由なこともあって屈託を抱えた日々を過ごしている。そんなとき、伯父の書斎で見つけた本を読みはじめ、食事に呼ばれても気づかないほど夢中になる。こうして彼は「人生至上の歓喜の習慣、すなわち読書の習慣」(中野好夫訳、新潮文庫)を作っていく。読書という「実人生における苦痛からの逃避所」を見つけたのだ。『人間の絆』がモームの自伝的作品であることを考えると、彼にとってこの瞬間こそが文学への目覚めであり、作家への第一歩だったといえるだろう。

文章を深く読みこむ

わたし自身、読書に目覚めたときから二十代後半まで、本はひとりで読み、ひとりで思いにふけるものだと考えていたし、それ以外に方法を知らなかった。その後、翻訳の勉強を始めてからは、文章を書く立場から本を読むことを覚えた。翻訳という行為は、原文をすみずみまで

〝解釈〟したうえで、訳者自身の言葉で日本語を組み立てていく作業だ。だから、たとえば前置詞ひとつでも解釈のあいまいな個所があると、一行たりとも訳し進めることができない。原文を百二十パーセント読みこめていないと百パーセントの訳文にはならないと感じる。翻訳をとおして、わたしは本をていねいに腑分《ふわ》けしながら読む方法を知った。

本を介して人とつながる

そしてその数年後には、深くかつ広がりのあるもうひとつの読書法を知り、わたしの前に大きな道が開けることになった。吉祥寺（東京都武蔵野市）の井の頭公園に近いコミュニティセンターで開かれる読書会に出かけるようになったのは、翻訳の師匠である東江一紀《あがりえかずき》先生に紹介してもらったのがきっかけだった。この読書会は「『チボー家の人々』を読む」という市民講座から始まった。本の途中で講座が終了したあとも、有志が自主的に集まって最後まで読みつづけ、その後もフランス文学を中心とする外国小説の翻訳書を読んできた。会が始まって、もう三十五年になる。わたしが参加しはじめてからでも、すでに二十九年だ。毎年一月には新年会を開き、メンバーのだれかが亡くなったときには、読書会の冒頭に全員で黙禱を捧げる。二〇一四年には思いがけず東江先生に黙禱を捧げることになってしまい、みなで悲しみを共有しつつ、思い出を語り合った。

「読書会」とひと口に言ってもさまざまな形式があるが、この会ではみなが同じ本を読んできて、月に一度同じ場所に集まり、お茶を飲みながら二時間ほど自由に語り合う。メンバーは十人ほどだが、仕事や遠距離介護で毎回は参加できない人もいる。それでもたいがい七、八人は参加する。一時期は二十代から八十代まですべての年代がそろっていたものの、徐々に高齢化が進み、現在は四十代から八十代までとなった。これまで読んできたのは、バルザックやゾラ、ドストエフスキーやトルストイ、トーマス・マン、ヘッセなどのいわゆる古典作品が中心だ。たいていはひと月に一冊のペースで読むのだが、長編小説の場合は数か月、場合によっては数年かけて読むこともある。『失われた時を求めて』(マルセル・プルースト)は二年半かけて読了したし、何年か前には、わが読書会の原点である『チボー家の人々』(ロジェ・マルタン・デュ・ガール)を一年半かけてふたたび読みとおした。

読書会で古典文学を選ぶことが多いのは、個人ではなかなか読む機会がないからだ。ひとりでは読みにくいものこそ、読書会で取りあげる価値がある。これまでに読んだ本のなかで個人的に強く印象に残っているのは『レ・ミゼラブル』(ヴィクトル・ユゴー)、『フランス組曲』(イレーヌ・ネミロフスキー)、『危険な関係』(ピエール・ショデルロ・ラクロ)などだ。人種差別をテーマにした本を何冊か続けて読んだときには、『アラバマ物語』(ハーパー・リー)にも手を伸ばした。身に覚えのない暴行容疑で逮捕された黒人青年を、白人の弁護士が全力で救おうとする。その姿を弁護士の娘の視点から描いたこの本は、みなで話し合うべき題材が多く、メンバー全員に好評だった。もし読書会で取りあげていなければ、自分ひとりではぜったいに読まなかっただろう。

このようにして、会で三十五年間に読んできた本のリストを作ってみたところ、百八十作品ほどの膨大な数になった(本来ならもっと作品数が多いはずなのだが、一冊の本を何か月もかけて読むことが、とくに最初のころは多かったのだ)。問題は、古典文学を読む人自体が減ってしまい、本が絶版で手に入らないケースも多かったことだ。それでも、このところ古典の新訳が次々と出版されるようになったおかげで、読みやすい翻訳本を入手できる。これは非常にありがたい。

読書会に参加しはじめた当初、わたしは人前で話すのが得意でないこともあって、ほとんど発言できなかった。周囲のパワーに圧倒されて、口をさしはさむ余地がなかったともいえる。けれども、仲間の発言を聞いているうちに自分が耕されていく感じがして、自然に話したいことが頭に浮かんでくるようになった。ひとりで読んでいるあいだはなにも浮かんでこないときでも、読書会に行くと周囲の意見に刺激されて、いつのまにか喋りまくっていたりするから不思議なものだ。

　読書会の利点はまずなんといっても、自分では手を出さないような本や挫折しそうな本でも、みなで読めばいつのまにか読めてしまうことだ。ひとりだったら途中で放りだしていたかもしれない本でも、来月までに読んでいかねば、と思うとつらいページも乗りきれる。そして、生や死や宗教など、日常生活ではまず口にしない話題でも、文学をとおしてなら語り合える。さらに、ほかの人の意見を聞くことで、自分では思いもかけなかった視点を得られるのも読書会の醍醐味だ。ひとりで本を読み、物語の世界を味わう段階から一歩踏みだし、読書会という場でアウトプットすることで、自分の考えがはっきりとした形になっていく。つらい出来事があって鬱々《うつうつ》とした思いを抱えているとき、それを文章にしてみると気持ちがすっきりすることがよくある。同じように、読書会で自分の考えを存分に喋りつくすと、帰りには不思議とすがすがしい気分になっている。

　もしかしたら、わたしがこれまで人を殺さずにいられたのは、本があったから、そして読書会があったからだと言ってもよいかもしれない。

読書会の種を蒔く

　そして、もうひとつわたしが関わっている読書会がある。わたしは翻訳業のほかに、私立の中高一貫校の図書館で司書の仕事をしているのだが、その学校は読書活動がさかんで、学園祭でビブリオバトル（自分の好きな本を五分間で紹介し合う書評ゲーム）を開催したり、図書館主催の読書感想文コンクールを行なったりしている。そうした活動のひとつに読書会があるのだ。学期に一度、図書委員の読書会係と有志の生徒との八人ほどが参加する。あまり長い小説だと読み終えてこない可能性があるため、朝読書の数回ぶんで読める短編を取りあげる。これまで課題にしたのは、『岳物語』（椎名誠）、『首飾り』（ギィ・ド・モーパッサン）、『パニック』（開高健）などだ。高校生が興味を持ってくれそうな恋愛や家族などをテーマにした本を選ぶようにしている。本来ならば生徒だけで自由に話し合ってもらいたいのだが、本を読んで意見を交わすことに慣れていないため、なにをどう話していいかわからない生徒がほとんどだ。

　『トカトントン』（太宰治）を課題にした回では、主人公がなにかに熱中しようとするたびに聞いてしまう「トカトントン」という拍子抜けした音がなにを意味するのかについて話し合った。「音を聞かず前向きに生きるにはどうすればいいか」という議論に全員が傾きそうになったとき、高校三年生の女子が「熱狂的な雰囲気にのまれてみなが同じ方向に行くような状況では、しらけた音を聞き取れる能力も必要ではないか」と、目の覚めるような意見を口にした。すると、それに呼応するようにさまざまな意見が出はじめた。さっと視点を変えられる生徒がいると、そこから対話が生まれるのだ。また、『沈黙』(村上春樹)を取りあげたときには、かなり奥行きのある話し合いになった。

この小説は、村上作品としては少し毛色が変わっている。群れるのが嫌いな主人公の男子高校生と、世渡り上手なクラスメートとの確執が、いつのまにか陰湿ないじめに形を変えていき、主人公はクラス全員から無視される。しかし、やがていじめる側の哀れさに気づき、ほんとうに怖いのは周囲の「沈黙」であることを知るのだ。話し合いが始まってすぐ、ふだんは無口なひとりの男子が、「この小説は自分に深く刺さった」と打ち明けはじめた。「実は僕も以前、クラス全員から無視されていたことがある」というのだ。ときおり、これは自分のためだけに書かれたのではないかと思う本に出会うことがある。そんなとき、人は胸の奥にしまっていた経験を語らずにはいられなくなるものだ。

本を読んで感じたことを、うまく言葉にするのは難しい。なかには、ほとんどひとことも話せない生徒もいる。それでも読書会という場に身を置くだけで、なにかしらの刺激を受けているはずだ。終わってみれば「同じ本を読んで、ほかの人の意見を聞くのは新鮮な経験だった」と多くの生徒が口にする。

自分を映しだす鏡

わたし自身が高校生だったころのことを考えても、本を読んで感想を言えと迫られて、いったいどれほどのことが言えただろうか。本からなにかを読みとり、それを切り取ってきて言葉にできるかどうかは、ある程度、人生経験の長さに比例している。だから、中高生にとっての読書会はあくまで「お試し」であってかまわない。これから先、さまざまな経験をしたあと、またいつかどこかで読書会に参加してくれればそれでいい。

本は自分の人生を映しだす鏡でもある。だからこそ、かつて本を現実逃避の手段にしていたわたしは、読書会という場を与えられたことで、本をとおして人とつながり、メンバーたちと三十年近くにわたって本を語り合ってきた。本について語りながら、実のところはわたしたち自身の人生を語り合ってきたのではないかと思う。同じ本を読みながら、ともに年齢を重ねてきたという信頼感はとてつもなく大きい。この経験はわたしにとって、なにものにも代えがたい大切なものである。

考えてみれば、だれかに強制されているわけでもないのに、書物の世界を共有したいという思いだけで人が集《つど》い、それがこんなにも長く続いているというのは、実に驚くべきことではないだろうか。

　本を開いてページをめくれば、はるかかなたの時代から登場人物たちがやってきて、するりとわたしの心のなかに入りこむ。そして彼らはいっときそこに棲みついて、パリの街角を闊歩《かっぽ》し、かなわぬ恋に苦悩し、夢を抱き挫折する。その姿をわたしは最後まで見届けたあと、ゆっくりと本を閉じる。本を一冊読み終えるたびに、人生を十年ほど余計に生きたような気持ちになる。わたしはもう何百年生きてきたことだろう。

目　次

イラスト＝夜久かおり

収録写真のうち、特に断り書きのないものは、筆者撮影もしくは筆者提供による。
各作品の著者名については、原則として、取り扱った版の表紙の記載に従った。

I　読書会に参加してみよう

読書会とはなにか

読書会に参加しはじめて三十年近くになる。その話を人にするとたいてい、「読書会ってどんなことをするんですか？　本を持ち寄って朗読するとか？」といった質問が返ってくる。「同じ本をみんなで読んできて、その本の内容について話し合うのです」と答えるのだが、相手はぴんとこないらしく、こちらもそれ以上どう説明すれば伝わるのかわからない。

アメリカやカナダでは、地域のコミュニティに日本での読書会にあたる「ブッククラブ」が根づいていて、活発に運営されているらしい。日本でも、このところさまざまなタイプの読書会が各地で定期的に開かれるようになり、「読書会」という言葉がかなり浸透してきたように思える。たとえば、出勤前にビジネスパースンが集まって、ビジネスに役立つ本を読みながら意見を交わす、いわゆる「朝活」としての読書会。あるいは、きちんとした管理人がいて、ネットで参加者を募集し大々的に開催している読書会。それとは対照的に、ほぼ固定メンバーだけで開いている小さな会もある。読書会の方法も、自分の好きな本を各自が持ち寄って紹介する形式や、全員が同じ本を読んでくる形式などさまざまだ。

読書会の歴史は意外と古く、江戸時代にも「会読」と呼ばれる一種の読書会があったし、一九六〇年代から七〇年代には、読書指導の一環として、教育の現場でさかんに行なわれていたらしい。八十代の知人からは、いわゆる戦後知識人の本を題材とした読書会を職場で開いていたという話も聞いたことがある。その後、読書会はいったん衰退したのだが、学校では復活の兆しが見えているし、大人も楽しみのひとつとして、読書会に参加する人が増えてきた。最近ではオンラインで実施されることが多く、遠くからでも、そしてひとりでも気軽に参加できる。

そして、なんと刑務所のなかにも読書会はある。欧米では受刑者向け更生プログラムの一環として読書会が行なわれているのだ。日本でもそんな試みはなされているのだろうか。

本はもともとひとりで読むものだし、ひとりで読んでいるだけでもじゅうぶんに楽しい。けれども、読んだ本の内容をみなで語り合う経験を一度でも味わってしまうと、もうやめられなくなる。読書会の魅力はどんなところにあるのだろう。

わたしが参加している会は、月に一度、みなが同じ本を読んできて自由に語り合う。メンバーの入れかわりはほとんどなく、創立当初から参加している人はすでに八十歳を超えている。たまに新たなメンバーが加わると、読書会に新鮮な空気がもたらされて、わたしたちも嬉しくなる。本の感想は多ければ多いほどよいし、新人の意見にはメンバーのだれもが真剣に耳を傾

だれかが本の言葉を引用すると，みながいっせいにページをめくって該当箇所を探す．わたしはこの瞬間が好きだ

けるものだ。

最初はうまく意見が言えなくてもかまわない。ほかの人の発言を聞いているうちに、「なるほど、そういう捉えかたもあったのか」「わたしはこのページのこの言葉がすごく胸に響いた」と、話したいことがどんどん湧いてくる。それこそが読書会の醍醐味であり、これは同じ本をみなで読んだからこそ味わえる連帯感だ。

学校でも職場でも、友人や同僚とはその場しのぎの会話しか交わさないという人は多いだろう。だれかともっと深い話をしたいと願い、そういう場を探している人は潜在的にかなりいるはずだ。とはいえ、いきなり「さあ、人生について語り合いましょう」と意気込んで集まったとしても、愚痴の言い合いになったり、雑談や人生相談になったりしてしまうのがオチだ。けれども、文学を媒介にすれば人生のどんな話題でも語り合える。物語に登場するどれほどの悪人も善人も、自分のなかに少しずつは存在しているし、どれほど昔の話でも、登場人物たちの微妙な心情は現代のわたしたちとまったく変わらないからだ。そうした普遍性があるからこそ、本について語り合うことは、人生について語り合うことでもあるのだ。

大学生のころ、わたしは「禅寺の修行僧」や「教会の修道女」的なるものに強く憧れていた。将来への希望がほとんど見いだせず、人と接するのが苦手で、自分の内側をさらけだすことができないため友人を作る気にもなれず、哲学や宗教にばかり関心を抱いていた。当時は新興宗教がさかんで、大学構内でも宗教の勧誘をしている人たちがたくさんいた。一歩間違えば、わたしもその種の宗教に入信していたかもしれない。周囲にはテニスに夢中になったりスポーツカーを乗りまわしたりしている学生が多かったなか、宗教へと傾倒していった人たちは、むしろ人生について真剣に考え、悩んでいる人たちだったに違いない。少なくとも、わたしはそういう姿勢に共感を抱いていた。しかし、彼らが求めていたのは新興宗教だったのだろうか。はたして、彼らはほんとうに宗教を必要としていたのだろうか。もしかしたら、浮わついた時代に逆らうように、深く話し合える場を求めていたのではないのか。今にして思えば、あのころ身近に読書会のようなものがあればどれほど救われただろう。自分のなかに鬱屈する思いを言語化し、吐きだす場が、わたしにも彼らにも必要だったのだ。

ただ、当時のわたしには「本を読むこと」と「人生について語り合うこと」が結びつくとは想像もできなかった。小さいころから読書にのめりこんではいたものの、それはひたすら自分の深みへと内向していく読みかたでしかなかったからだ。いや、人とつながること自体を避けていたあのころのわたしには、もしかしたら読書会という語り合いの場は、まだまだ時期尚早だったかもしれない。人生の経験を重ね、数々の挫折も乗りこえ大人になった今だからこそ、ほんとうの意味で「本をとおして人とつながる」喜びを味わえているのかもしれない。若いころ孤独のうちに深く掘り進んでいたことは、そのあと横へとつながっていくために必要な営みだったのだと今は思える。

作法はあるのか

読書会を楽しむには、それなりの工夫が必要であり、長く続く会にするには、メンバーひとりひとりの努力が欠かせない。三十年以上続く読書会に所属する身として、話し合いを充実したものにするための方法をいくつか挙げてみた。

① できるだけ欠席しない

二〇一九年の五月、わが読書会は初めて休会になった。さまざまな用事で欠席するメンバーが次々と出てきて、四人くらいしか出席できないとわかったからだ。読書会創立メンバーのひとりである八十代の女性にそのことを伝えると、「しかたないわねえ。でも、これまで休会にしたことは一度もなかったのよ」との言葉が返ってきて、はっとした。そうか、どんなに出席者が少なくても、休会にしてはいけなかったのだ。だれしも忙しい毎日を送っており、人にはいつでもなにかしらの用事がある。「急用が入ったから」「今月は忙しくて課題本を読めなかったから」など、出席できない理由はいくらでも見つかる。しかし、それを言っているときりがない。次第に欠席者が増え、休会が増え、読書会への足が遠のく。そんなふうにして、さまざまな集会は先細りしていき、いつのまにか消滅してしまうのだ。「この日は読書会があるから予定をあけておこう」と各自がやりくりしないと会は続かない。もちろん、生活あっての読書であり、健康あっての読書会なので、無理をしすぎても長続きしないだろう。それでも優先順位は高くしておきたい。

② 課題本は必ず読み終える

どんなに忙しくても、一か月あれば文庫本一冊くらいは読める。翌月までになんとしても読もう、と思えばテレビを見ずに本を読んだり、電車のなかや病院の待合室など、ちょっとした合間にページを進めておいたり、さまざまな工夫も生まれてくるものだ(それでも間に合わず、会場までの道を歩きながら読んだことも)。ときには読みにくくて挫折しそうになることもある。ひとりだったら確実に投げだしていた本がわたしにもこれまで数多くあった。けれども、今ごろみんなも同じ作品を読んでいるのだと思えば、気を取りなおして集中度を上げることができる。もちろん、どうしても読了できなかった場合にはその状態で参加してもかまわないのだが、そうすると話し合いをじゅうぶん楽しめないうえ、ほかの人たちの話を聞いているうちに読んだ気になってしまい、続きを読まないままになる可能性が高い。

ただし、読了を焦るあまり、早く読み終えてしまってもいけない。意外なほどの速さで内容を忘れてしまうからだ。読み終えて半月もすると、もう細かな部分を忘れている。たとえば、「あの場面で主人公があういう行動をしたのは……」とだれかが発言してもすぐに反応できず、「そういえばそんな場面もあったな」と後追いになってしまうのだ。だから、わたしは読書会の前日くらいに読み終えるようにしている。そうすれば頭のなかに本の内容がはっきり残っているので、どこを突かれてもたちまち、「あ、あそこね」と反応できる。

③　ほかの人の意見を否定しない

読書会の醍醐味は、自分ひとりでは思いもよらなかった読みかたや感想に触れられることだ。同じ本を読んでも、目のつけどころや感動した場面や登場人物への感じかたなど、驚くほどさまざまな意見が出てくる。だからこそ参加者の人数ぶん、本を何倍にも味わえるのだ。自分と違う意見を聞くとつい、「それは違う」と言いたくなることもある。もちろん、反対意見を口にしても全然かまわないし、そこからさらに議論が発展していくことも多いのだが、相手の意見をただ否定するのは生産性がなく、その場の雰囲気も悪くなる。「でも、こういう見かたもあるのでは？」と異なる方向性を示して、話し合いを実のあるものにしたい。

④　課題本をリスペクトする

本を読んでいると、ツッコミを入れたくなることがよくある。「登場人物の男性は丹念に描写されているのに、女性はお人形のようにしか描かれていない」「作者がしゃしゃり出ていて鼻につく」「物語の結末があまりに不自然で、無理に終わらせたとしか思えない」などなど。読書会の場でもそういう話題で盛りあがることは多い。なかには、「こんな設定はありえない！」「この男はあまりにひどすぎる！」と、最初から最後までずっと文句を言っていた人もいる。気持ちはわかるが、読書会でその作品を取りあげた以上、悪口大会になってしまってはつまらない。つねに作品への敬意をもって語り合いたいと思う。

⑤ひとりで喋りすぎない

読書会はあくまで参加者が平等に話せてこそ、その面白さが味わえるものだ。ひとりかふたりがずっと喋っていると、初めての参加者は話しづらいし、言いたいことがあっても口をつぐんでしまう。メンバーが固定していない読書会の場合は、ファシリテーター（進行役）を置いて、ある程度の交通整理をしたほうがうまくいく。ファシリテーターならば、発言の多すぎる人に少し控えてもらったり、遠慮している人に発言を促したりしやすいからだ。わたしが参加している読書会のように、ほぼ固定メンバーだけで運営している場合は、もはやメンバーがそれぞれ阿吽《あうん》の呼吸で発言できる域に達している。だれかひとりが喋りすぎることもなく、ひとことも発言できない人もいない。遠慮していると口をさしはさむ余地がないほど発言が活発に交わされるため、意見が途切れて沈黙が訪れることもない。進行役もいないのに、絶妙のタイミングでみなが発言できるのは、会を長く続けてきた賜物《たまもの》だろう。

⑥ 雑談をしすぎない

長く続いてきた読書会には利点もあるが欠点もある。ついつい雑談が多くなってしまうことだ。まず話し合いが始まるまでに時間がかかる。わが読書会では各自がお茶とお菓子を持参するため、お菓子を配りながら雑談が始まってしまい、なかなか本の話に入っていけない。ようやく本の話で盛りあがったと思うと、だれかが、「登場人物のトムという情けない男」に、大学時代の友人がそっくりだと話しはじめる。そうすると、今度はほかのだれかが、「自分のいとこにも同じような人物がいる」という話になり、雑談が延々と続くことになる。メンバー同士、長いつきあいで気心が知れているからこそ、内心「この話はいつになったら終わるのだろう」とやきもきしながらも、「そろそろ本題に戻りましょう」と言いだしにくく、これ以上、別のいとこが登場しないことを祈るような気持ちで、ひたすら待ちつづけるしかない。そんなときは、びしっと仕切ってくれる人がいてほしいと思う。もちろん、本を語ることは人生を語ることでもあるので、自分たちの人生に引きつけて考えるのはいいことだし、ときには脱線してお喋りをしてもまったくかまわない。とはいえ、忙しいなかせっかくみなが課題本を読み終えてきたのだから、話し合いの二時間くらいはなるべく本に集中したい。「話を脱線させた人が自分で元に戻す」のが読書会のマナーである。

そしてもうひとつ。メンバー同士、互いの生活に立ち入りすぎないことも大事だ。本だけを接点につながっている関係は実に心地がよいものだ。

思いがけない効用

前述のとおりわたしが参加している読書会では、毎月一冊ずつ（長編は複数回に分けて）、おもに外国文学の古典作品を読んでいる。古典文学を選ぶのは、個人ではなかなか読む機会がないからだ。ひとりでは読みにくいものこそ、読書会で取りあげる価値がある。ドストエフスキーやトルストイ、バルザック、トーマス・マンなど、いつかは読もうと思っていても日常の忙しさにかまけてつい先送りしてしまい、気づくとすでに五十代になっていたりするものだ。

何度でも言いたいのだが、読書会の利点はまずなんといっても、自分では手を出さないような本や途中で挫折しそうな本でも、みなで読めばいつのまにか読めてしまうことだ。たとえば、『レ・ミゼラブル』（ヴィクトル・ユゴー）は冒頭から司教の日常を描いた場面がかなり長く続き、いっこうに主人公のジャン・ヴァルジャンが登場してこない（最後まで読むと、信仰に対する著者のスタンスを考えるうえで、この場面が欠かせないものだったことがよくわかるのだが）。そして、ようやく物語に入りこみ、サスペンス小説のごとく手に汗握る場面を楽しんでいると、今度はパりの下水道の話が延々と語られる。ああ、下水道はもういいから、と言いたくなるのをこらえて読みつづける(最後まで読むと、下水道の整備が衛生状態の改善と都市の発展にどれほど大きな役割を果たしたかがよくわかるのだが)。ちなみに、同じユゴーの『ノートル＝ダム・ド・パリ』では途中、建築の歴史が延々と語られる。どちらも、物語自体はめっぽうおもしろいので、ぜったいに途中でやめてはいけない。『戦争と平和』(トルストイ)では、戦場の場面が長く続き、そこを乗りこえるのにかなり骨が折れる。実際、わたしは二度ほど挫折した。

本を読もうとしても、全体像が把握できないため、なかなか物語に入りこめずに苛立ったり、登場人物たちの名前や人間関係が覚えられなくて挫折しかけたりした経験はだれしもあるだろう。そんなとき、ひとりだったら放りだしてしまうかもしれない。しかし、なにがなんでも来月までに読んでいかねばと思うと、不思議なことに、つらいページも乗りきれる。いつかは読もうと積読にしていた長編小説も、読書会の課題にしてしまえば、もう読めたも同然である。みんなが伴走してくれるからだ。

わが読書会では、そのようにして一冊、また一冊と読了した本が積み重なっていき、会が始まってから三十五年間に読んだ本は膨大な量になった。そのリストを眺めるだけでも達成感でにんまりしてしまう。本の好きな人と会うときには話のネタにこのリスト(巻末参照)を持参して自慢げに見せてみる。すると相手は「おお、すごいですね！」と感嘆してくれる。ある人などは、リストをじっと眺めてから、「ぼくはこのほとんどを読まずに死ぬのか……」とつぶやいた。

二つ目の利点は、日常生活ではまず口にしない話題でも、文学をとおしてなら語り合えるということだ。とりわけ、生や死や心の問題についてだれかと話したいけれど、周囲にそんな場所をみつけられないわたしにとって、読書会は魂の交流の場でもある。たとえば『八月の光』（ウィリアム・フォークナー）では、見た目が白人なのに黒人の血が混じっているため、白人社会からも黒人社会からも受け容れてもらえない青年の苦しみをめぐって、「差別とはなにか」「人はなぜ差別したがるのか」を話し合った。青年は肌の色で差別されているのではない。結局は「血」で差別されているのだという事実に愕然とする。この作品は電車のなかで読んでいてふた駅も乗り過ごしてしまった。

三つ目の利点は、本の感想や意見を人前で話せるようになることだ。わたしは参加した当初、感想を求められてもなにをどう話したらいいのかわからなかったが、ほかの人の意見を聞いているうちに、感想を言葉にできるようになった。言葉にすることで考えが形になっていくともいえる。「今回の本はあまり深く読みこめなかったから、今日はなにも発言できないかも」と思いつつ参加した日も、仲間の話を聞くうち、「そうそう、わたしもそこに共感した」「いや、それはちょっと違うのでは？」などと言いたいことが湧いてくるのだ。

四つ目の利点は、同じ本を読んできた参加者から、さまざまな意見を聞けること。自分では思いもよらなかった視点を与えてもらえるのは、読書会の大きな魅力のひとつだ。メンバーのなかには毎回、気になった箇所をびっしりとノートに書きとめてくる人もいて感心するが、わたしは印象に残った箇所に付箋を貼っておくことしかしない。それでも、前日の夜くらいに読了するようペースを調整しておくと、頭のなかに物語の世界がしっかり残っており、付箋の箇所に目をやるだけで、なにかしら話せる状態になる。

そして、最後に挙げたい利点は、参加者の人間性を垣間見られるということだ。どんな本を読んでいるか、あるいはその本を読んでどんな感想を持ったか。それを知れば、その人がどんな人かを知る大きな手がかりになる。「ほう、この人はこの部分を読んでそんなふうに考えたのか」と、本人の意外な一面を知ることもよくある。初対面であれば、人間性を知るヒントにもなるだろう。だから、読書会をとおして知り合い、恋愛や結婚に発展するケースがあるのも驚くにあたらない。本を語るときの表情を観察しているだけでも興味深い。ふだんはほとんど喋らないおとなしくてシャイな人が、ある場面で突然、熱を込めて話しはじめたりすると、本のなかの言葉がその人のなにかを強く刺激したのだとわかる。人はほんとうに話したいことがあると、恥ずかしさも遠慮も軽々と乗りこえてしまうものだ。

さまざまな形式

① おすすめの本を紹介し合う読書会

最近読んだ本でおもしろかったものや、以前読んだお気に入りの一冊を持ち寄って、ひとり五分ほどで本の内容や感想をプレゼンする。紹介するのはどんな本でもよいので、読書会に参加するハードルは低い。だれしも、自分の好きな本であれば、そのすばらしさについて語りたいことはあるだろうし、それを人に伝えたいとも思うだろう。自分の紹介した本にだれかが興味を持って読んでくれれば嬉しいし、そこからまた語り合う場が生まれるかもしれない。本を紹介する試みとしては、ビブリオバトルがかなり浸透してきているが、こちらはバトルなので、勝ち抜くにはプレゼンの技術がある程度は必要になる。しかし、本を紹介するだけならそれほど構えることもないだろう。最初は人前で話すのが苦手だった人も、何度か経験していくうちに慣れてくるので、人前で喋る練習にもなる。この形式のいちばんの利点は、自分では知りえなかった本に多く接することができること。ほかの人たちがどんな本を読み、どう感じたかを教えてもらえるのも、わくわくするほど楽しい。

② 朗読を採り入れた読書会

みなで同じ本を読んできて、「この章は、あるいはこの段落は声に出して読みたい」という個所を選び、ひとりずつ順番に朗読していく。声に出して読むのは、それだけでもなぜかとても気持ちがいいものだ。朗読をする際は、文章のどこで息継ぎをするか、どこで間を置くか、どんなふうに抑揚をつけるか、さまざまな工夫が必要になる。そのためには作者がどんな思いで書いたのか、どこを強調したかったのか、深く読みとらなければならない。そうでないと、ただの棒読みになってしまい、読んでいるほうも聞いているほうも面白くないからだ。結果的に、朗読は声を出す快感を味わえるだけでなく、作品の読みも深めてくれる。また、聞いているほうにとっては、耳から物語が入ってくることで臨場感が生まれ、ただ読んでいるよりも作品の奥行きを感じることもできる。幼いころ、親が読んでくれた物語に夢中になった経験はだれしもあるだろう。大人になってからでも、ラジオやオーディオブックで俳優やアナウンサーの朗読を聞いていると、いつのまにか惹きこまれ、物語の世界にどっぷり浸っているのに気づく。おそらく、人間の声には人の心を動かす強い喚起力があるに違いない。

③ 輪読形式の読書会

一冊の本をいくつかのパートに分け、メンバーそれぞれの担当箇所を決める。そして、担当者がプレゼンを行なったりレジュメを作成したりしながら読み進めるやりかただ。その回で読み進める個所は全員が読んできて、プレゼンのあと意見を交わす。この方法に適しているのは、学術的な本や古典など、ひとりで読むには骨が折れる作品だろう。各自が担当箇所を深く読みこみ、それをアウトプットすることで、結果的に奥行きのある充実した読書ができる。プレゼンするとなればきちんと読みこむのはもちろんのこと、それをわかりやすく伝える工夫も必要になるため、ある程度の負担は生じる。とはいえ、自分の担当箇所以外はほかのメンバーがレジュメを用意してくれるので、大部の本や難解な本でも読了しやすくなる。こうした進めかたは、大学のゼミで行なわれる方法に近いといえる。

④ 同じ本を読んできて話し合う読書会

読書会といえば、おそらくこの方法がもっともポピュラーだろう。あらかじめ課題本を決め、全員が同じ本を読んできて話し合うやりかたである。その本の内容についてなら、どんなことを話してもいい。全員が同じ本を読んでくれば、前提が同じなので、そこからどれほど違う感想や意見が出てくるか、楽しみが尽きない。ひとりで読んでいるあいだも、「ああ、このおもしろさを早く共有したい」と読書会が待ち遠しいし、ましてや読みにくくて苦しみながら読了した本であれば、「みんなもこの苦しみを味わいながら読んできたのだ」と、手を取り合って互いを讃えたいような気にさえなる。したがって、読書会が始まる前からすでにメンバーは全員が「同志」なのである。

本を読み終えてから読書会に出かけるまでは、さながら親鳥が卵を温めるように、登場人物たちを手放さないよう、物語を忘れないよう、壊さないよう、大事に大事に心のなかで温めておく。そうすれば、たとえばだれかが「この場面で主人公が……」と発言したとき、「あ、あそこだ」と、それがどの箇所のどんな場面だったか、すぐに思い出すことができるし、たちまち主人公の気持ちに自分を重ねることもできる。

同じ小説でも、単行本と文庫の両方が存在する場合がある。翻訳小説ならば訳者の違う本が出版されていることもある。同じ出版社の同じ本と決めておけば、だれかが特定の場面について発言したときなど、「何ページの何行目」と、すぐに全員が当該箇所を見つけられるので非常に便利だ。いっぽうで、訳者の異なる本を読んでくれば、「この訳語はちょっと古めかしくて意味がよくわからないけど、そっちの訳ではどういう日本語になっている?」と読みくらべることができて、それはそれでおもしろい。実は、わが読書会には翻訳家が何人かいるので、「この訳語は原文ではどういう言葉なのだろう」ということになって、だれかがその場でたちまち原文を調べてしまうこともある。その結果、「なるほど、そういう言葉だったのか」と納得できることもあれば、いつまでも首をひねりつづけてすっきりしないこともある。ときには、だれかが作者に関する情報を調べてきてくれたり、作品の背景となる歴史を解説してくれたりもする。

同じ本を読んできて語り合うこのやりかたこそ、読書会の醍醐味をもっとも深く味わえるのではないかとわたしは思っている。

参照:『改訂増補版　読書がさらに楽しくなるブッククラブ』吉田新一郎、新評論、二〇一九年

読書会を成功させるためのヒント①——日時と場所をどうするか

開催日時がその都度変わると参加者は予定が立てにくく、「毎月この日までには必ず読み終えていくぞ！」という気力を維持するのが難しくなってしまう。日時が一定であれば、ほかの予定を入れないよう読書会を優先させることができるし、生活の一部に組みこんでしまえる。メンバーひとりひとりが、「なんとしても参加する」というくらいの気概を持っていないと、会はいつのまにか消滅してしまいかねない。

話し合いの時間は、二時間ほどが適切だと思う。

読書会をどこで開くか、というのはかなり大きな問題だろう。公共図書館や市民会館の一室を定期的に借りたり、それが無理な場合は、喫茶店を利用したりすることも考えられる。わたしの参加している読書会では、地域の小さなコミュニティセンターの一室を毎月使わせてもらっている。だから場所代は無料。できれば、読書会はお金のかからない場所で開きたい。それだけでも、長続きするための要因になるものだ。

最近はオンラインでの読書会がもはや主流になってしまった。オンラインなら遠くからでも参加できるし、自宅にいながら気楽に読書会を楽しめる。ただ、実際に会って話さないと、間合いの取りかたや、発言者の微妙な息づかいなどがわからないため、どうしても物足りない感じが残ってしまう。ひとりずつ順番に意見を言っていくよりも、多方向からたえず意見が飛び交う空間こそ、読書会の醍醐味なのである。

II　読書会に潜入してみる

読書会潜入ルポ①――翻訳ミステリー読書会

このところ、新聞や雑誌で「読書会ブーム」などと題した記事をよく目にする。わたしはこれまで、自分の参加している読書会以外ほぼ経験したことがなかったので、これを機にほかの読書会にも足を踏み入れてみることにした。

第一回目は「翻訳ミステリー読書会」。翻訳ミステリー小説の魅力をさまざまな角度からアピールしているサイト「翻訳ミステリー大賞シンジケート」から生まれた読書会だ。起ちあげは二〇一〇年で、現在は全国に三十ほどの支部がある。それぞれに世話人がいて、会場や懇親会の手配、課題本の選定、参加者の募集などを行なっている。わたしが参加したのは「西東京読書会」。毎回ウエブで参加者を募集する。定員は十五名で、募集すれば定員がはやばやと埋まり、キャンセル待ちまで受け付けるほどの人気ぶりだ。会場は公共施設の会議室で、参加費は五百円。

この日の参加者も定員いっぱいの十五名だった。見たところ三分の二ほどはリピーターらしい。取りあげるのがミステリー小説とあって、参加者はその分野に詳しく、一家言ありそうな人たちばかりだ。半分くらいは翻訳家で、あとは編集者やサラリーマンなどさまざま。このところミステリー小説から遠ざかっていたわたしとしては、まともな発言ができるかどうか、おそるおそるの参加であった。

課題本はジム・トンプスンの『ポップ1280』(扶桑社海外文庫)という、いわゆるノワール小説だ。本書は、『このミステリーがすごい！　2001年版』(宝島社)の海外部門で第一位となり、二〇一九年の夏に新装版が復刊された。大学教授でもあった訳者の三川《みかわ》基好《きよし》さんは、二〇〇七年に亡くなっている。この日はゲストとして、三川さんの奥さま、親友だった翻訳家の田口俊樹さん、そしてこの本を手がけた当時の編集者も参加し、なんとも贅沢な読書会となった。

タイトルにある「ポップ」とは、population つまり人口のことで、人口が千二百八十人しかいないアメリカ南部のいなか町が舞台である。その小さな町で保安官を務めるニックという男が主人公なのだが、この男、自宅の階下にある保安官事務所でほとんど仕事もせず寝てばかりいるとぼけた人物だ。しかし、とぼけたキャラはそのままで、いきなり人を殺しはじめる。こわもての男が殺人を犯すより、無気力な人物があっさり人を殺していくほうがよほど怖ろしい。なるほど、そういう形のノワールだったのかと思っていると、狂気のギアがどんどん上がっていき、最後はコメディのような展開に……。

読書会では、まず参加者がひとりずつ感想を話していった。

常連の女性が口火を切る。「登場人物のだれひとり好きになれないけれど、作品としてはきわめておもしろい」。ほぼ全員が頷いている。次の何人かも常連メンバーらしく、落ち着いた話しぶり。「主人公のニックはいやな意味で頭のいい人物で、ずるがしこい。自分をキリストになぞらえるあたりから読者は違和感を抱きはじめると思う」

「イヤミス（読んだあとイヤな気分になるミステリー小説）の源流のような作品。登場人物はおかしな人たちばかりでリアリティが薄く、共感できないが、それでもページをめくらずにいられない」

ひとり五分くらいで感想を話していく。作品について嬉々として喋る参加者が多く、ミステリー愛があふれだして止まらない。次は編集の仕事をしているという男性。「舞台となったいなか町の人間のいやなところ、つまり猜疑心、妬み、人種差別などがこれでもかと語られる。にもかかわらずつい読んでしまうのは、キャラクターのおもしろさ、語りのリズム感、緩急のうまさ、ふいに見せる教養のせいかもしれない」。なるほど、とみな共感している。

「悪意を持っていたのは、主人公というより、むしろ周囲に暮らすふつうの人たちだったのではないか」。わたしはこの意見を耳にして、ガブリエル・ガルシア＝マルケスの『予告された殺人の記録』に描かれるいなか町を思い出していた。予告されたとおりに殺人が行なわれてしまったのは、住人たちの無意識の悪意があったからでは、と感じられた作品だ。

「露悪的なおもしろさで読ませる。ニックが「あんた」と語りかける相手は、もしかしたら神ではないか。この作品は主人公と神との対話なのかもしれない」。そう言ったのは、トンプスン好きを自任する若い男性。トンプスンのほかの作品についても解説してくれた。

「金銭欲、情欲、権力欲など、ここには人間のあらゆる恥部が描かれている。だれでも持っているがふだんは無意識に隠している性質を、おおげさに描いているだけなのではないか」という意見には、なるほどと納得させられた。そのほか、女性の登場人物たちがみなたくましく、読んでいて痛快、という感想もあった。

参加者のなかに、訳者と同じ職場で英文学を教えていたかたがいて、今回参加するにあたり原書を読みなおしてみたという。思わぬ伏兵に、全員の視線が集まる。「原文はかなり特殊で、訳すのは骨が折れる。時代設定は一九一〇年代後半と思われ、南部の方言やスラングが多く使われているため、アメリカ人の学生が読んだらすぐに投げだすような文体だ。キリスト教に対する冒瀆《ぼうとく》とも取れる言葉やアイロニーが全編にちりばめられている。ニックの語り口をどう訳すかで、作品の印象が変わる。語り手自身が精神的に少しずつ崩壊していくようすが印象的」

そして、担当編集者はやはり翻訳の見事さを語っていた。「訳者はまるで自動書記のように原文の言葉を日本語に変えていく。その速さとなめらかさに驚かされた。まるで、もともと日本語で書かれていた小説のようだ。トンプスンの文体と肌が当っていたのではないか。原文は黒人差別や女性差別、とくに障害者差別の言葉があまりに露骨だったため、訳文ではかなりやわらげた表現に直している」

読書会が終わり，いざ懇親会へ

中学、高校、大学時代をともに過ごしたという翻訳家の田口さんは、訳者三川さんとの思い出を語ってくださった。ビートルズを一緒に見にいったこと、女性のことでモメて一時期仲たがいしていたこと。いずれにせよ、ものすごく「英語が読める」訳者だったという。

最後に三川さんの奥さまが、「やっぱりわたしはこの作品がどうしても好きになれません」とおっしゃっていたのがおかしくて印象に残った。

全員がひととおり感想を言うだけで一時間近くかかってしまい、読書会の醍醐味ともいえる意見交換がほとんどできなかったのは残念だった。ともあれ、この機会がなければわたし自身は手に取らなかった作品である。ミステリー小説のおもしろさに惹きこまれるとともに、参加者ひとりひとりの熱い語りにも圧倒された。読書会のあとは会場近くの居酒屋で懇親会。ほぼ全員が参加し、小説の話や仕事の話をしながら読書会の余韻を楽しんだ。

読書会にはそれぞれの歴史があり、やりかたがある。初めて参加する身としては、周囲に気《け》圧《お》されて自分の感想を言うのにも緊張してしまったが、それもまた新鮮な経験だ。

読書会潜入ルポ②――猫町倶楽部

二〇〇六年にビジネス書を読む会として名古屋で始まった読書会。その後、開催拠点は東京、大阪など全国五都市に拡大した。文学をテーマにした読書会のほか、ビジネス書を取りあげる「アウトプット勉強会」や映画を観て語り合う「シネマテーブル」、哲学書を読む「フィロソフィア」などの分科会がある。作者を招いて開かれる特別な会は募集定員がすぐに埋まるほど人気があり、ほかにもクリスマスパーティーなどのイベントが開かれる。今では全体で年間二百回も開催され、一年間ののべ参加人数は九千人という「日本最大の読書会」である。開催スケジュールはウエブにアップされているので、参加者は自分の都合のよい日時や読みたい課題本の回を選ぶことができる。選書はほぼすべて主催者が行ない、ベテラン参加者がサポーターとなって各分科会を運営している（コロナ禍の間はオンラインで開催されている）。

この読書会はメディアでよく取りあげられていたので、わたしもだいぶ前から知っており、一度は参加してみたいと思っていた。どうせなら自分では手に取らない作品の回に参加したい。申しこんだのは「東京文学サロン月曜会」（参加費は読書会二千円、懇親会四千円）で、課題本はマヌエル・プイグの『蜘蛛女のキス』（野谷文昭訳、集英社文庫）。課題本にちなんだドレスコードが、一種のお遊びとして設定されている。今回は「ストライプかジェンダーレス」だったので、わたしはストライプ柄のセーターを着ていった。

ラテンアメリカ文学はこれまでガルシア＝マルケスやガブリエル・バスケスくらいしか読んだことがなく、プイグはわたしにとって初めての作家だった。ラテンアメリカ文学というと、土着的、幻想的で作品のなかに引きずりこまれるようなイメージを持っていたが、『蜘蛛女のキス』は都会的で乾いた印象である。地の文はなく、ほぼふたりの会話だけで成り立っている。冒頭から、正体不明の人物が映画のストーリーを事細かに語り、もうひとりがそれを聞いている場面が長く続く。最初はこのふたりがどういう関係でどこにいるのかもわからず、読んでいて戸惑ったが、やがてアルゼンチンの刑務所で同室となった同性愛者のモリーナと革命家のバレンティンが語り合っているのだとわかってくる。なんとも不思議で独特の魅力を感じるものの、どう解釈したらいいのか迷う部分も少なくない。だから読書会で意見を聞けるのが楽しみだった。

広いレストランを貸し切った会場にはテーブルが十ほどあり、参加者は受け付けをすませると、そのどこかに割り当てられる。それぞれのテーブルには五～八人が座っていた。この日の参加者は全部で六十人ほど。男女比は六対四くらいで、年代は三十代、四十代がほとんどだ。常連が多いらしく、読書会が始まる前から親しげな挨拶が交わされている。わたしのテーブルには男性五人と女性三人が座った。

まずテーブルごとに進行役を決めたあと、ひとりずつ自己紹介と本の感想を話していく。一十代くらいのおとなしそうな男性。「濃密な雰囲気の作品だ。女だと思っていた人物が実はオネエ言葉のゲイだとわかってびっくりした」。初参加の男性は「シナリオを読んでいる気分になるのは、作者が映画監督をめざしていたからではないか」という意見だった。「この作品には謎の部分が多くて戸惑った」とわたしも発言してみると、全員が頷いてくれた。たとえば、モリーナはなぜスパイとしてバレンティンの秘密を探りだす役を与えられたのか。いつから寝返ってバレンティンの味方になったのか。仮釈放されたあと、バレンティンの仲間に接触できたのか。なぜ撃たれて死んだのか。説明がいっさい書かれていないのだ。「モリーナはかいがいしくバレンティンの世話をしているうちに、情が移ってしまったのでは」と口にしたのは会社員らしい男性。若い女性参加者は、「過激派組織に撃たれたように思えるが、実は警察に始末されたのかもしれない」と感じたらしい。モリーナが映画のストーリーを語る部分が冗長なほど多くを占めるのはなぜかという疑問には、ベテラン参加者の男性がこう答えた。「六つの映画の内容それぞれが、ふたりの関係に微妙に関わっているからではないか」。初参加の男性は「映画を語るその行間から、語られていないふたりのしぐさや感情の揺れが見えてくる」と鋭い発言をした。同性愛についての長い原注は本文とは異質な文章で、これはなんのためなのかと話題になった。読書家らしい男性が答える。「もしかしたら、同性愛の客観的な説明が原注で、同性愛者と異性愛者を同室に入れておいたらどうなるかというケーススタディが本文なのでは」。なるほど、そんなふうにも考えられるのかと全員が唸った。モリーナが「蜘蛛女」にたとえられているのはなぜか、という疑問も出た。蜘蛛女といえば悪女のイメージだが、愛情深いモリーナは全然違っているからだ。四十代くらいの女性が発言する。「蜘蛛が糸を紡ぎだして昆虫を絡め取るように、モリーナは『千夜一夜物語』さながら、映画のストーリーを紡ぎだすことで、バレンティンを虜《とりこ》にしてしまったということではないか」。なるほど、そうだそうだ、とみな納得のようす。

わたしたちのテーブルは、進行役の出番がないほど活発に意見が飛び交い、まだまだいくらでも話せそうなほど、あっというまに終わりの時間が来た。二時間じっくり語り合ったあとは、不思議なことに同じテーブルの人たちが仲間に思えてきて、なんだか別れづらく、もっと話したい気分になった。初対面の人とここまで深い話ができるのも、本を媒介にしているからこそだ。ときには本の話をとおして、発言者の人柄まで見えてくる。だから、同じテーブルの仲間とは心が通じ合ったような気持ちになる。ここから恋が芽生えても不思議はないし、実際に芽生えているらしい。

大人数での読書会は壮観

ドレスコードにもっとも工夫を凝らした「本日のベストドレッサー」が投票で選ばれたあと、懇親会が始まる。ほとんどの参加者がそのまま残っていた。懇親会ではドリンクが飲み放題だが、バイキングで提供される料理はかなり量が少なく、すぐになくなってしまった。参加者たちは本の話に熱中し、お気に入りの作品を紹介し合いながらメモを取っている。その会話を聴いているだけでこちらまでわくわくした。

参加費は少し高めだが、それでもおおぜいの人が集まるのは、やはりみんな顔を合わせて語り合いたいのだろう。本好きがつどい、全員がきちんと課題本を読んできて、相手の意見に耳を傾けながら語り合う。それがおもしろくないわけがない。一度その魅力を知ってしまうと、また参加したい気持ちになるのも頷ける。これはもう読書会という名の一大イベントである。

『世界』を読む中高生たちの読書会

夜の八時から、オンラインでその読書会は始まった。生徒たちが雑誌『世界』(岩波書店)の記事を一段落ずつ順番に読みあげていく。ひとりひとりのたどたどしくも真剣な声を聞いているだけで、わたしは心を揺さぶられた。夜の八時といえば、中高生なら夢中でゲームをしていてもおかしくない時間だろう。この読書会は授業の一環ではないし、生徒たちは強制されて参加しているわけでもない。あくまで自由参加だ。最初にこの読書会のことを聞いたときは、中高生が『世界』の記事を読んで話し合うなんてほんとうなのかと半信半疑だった。

まずは、わたしがこの取り組みを知ったきっかけから話したい。二〇一六年に拙訳『プリズン・ブック・クラブ』(アン・ウォームズリー、紀伊國屋書店、カナダの刑務所で行なわれている読書会を取りあげたノンフィクション)が出版されたとき、映画監督の坂上香さんが書評を書いてくれた。坂上さんは刑務所をテーマにした映画を多く撮っている監督だ。わたしは刑務所や受刑者のありかたに関心を抱くようになり、坂上さんの作品『Lifers ライファーズ 終身刑を超えて』(二〇〇四年)と『プリズン・サークル』(二〇一九年)を観にいき、ご本人とも知己を得た。偶然だが、『世界』でのわたしのエッセイと、坂上さんの「プリズン・サークル」の連載も同時に始まった。その後、坂上さんの息子さんが自由の森学園に通っていて、そこで読書会が行なわれていることを知った。題材は『世界』の記事だというではないか。これはぜひ一度見てみたいと思い、覗かせてもらうことにした。

この読書会が始まったのは二〇二〇年の六月で、週に一度、オンラインで開催している。グループに登録しているのは中高生合わせて二四人。毎回平均四〜六人が参加する。参加しやすさを優先させるため、一回で読みきるようにしている。わたしが参観した回は、高三の女子(愛野《まなの》さん)、高二の男子(大地くん)、中三の女子(莉子さん、舞果さん)が参加していた。ほとんどがレギュラーのメンバーだという。会をリードしていくのは国語科教員の服部涼平さんだ。とても若くて、生徒にとってはお兄さんのような存在かもしれない。だからだろうか、読書会では、わからないことを気軽に訊ける雰囲気があった。

服部先生が毎月、『世界』の目次を写真撮影してLINEグループに送り、関心のあるタイトルを生徒に選ばせる。その記事をPDF化し、ZOOMの画面に映しだす。この日取りあげられた記事は、『世界』二〇二一年三月号(特集は「21世紀の公害」)掲載の「プラスチック依存社会からの脱却」(高田秀重)である。生徒たちが一段落ずつ順番に読みあげていく。まずはパンデミックとプラスチックとの関係について。新型コロナウイルスの感染状況は先進国ほど深刻になっているが、これはプラスチックの使用量と関連があるのではないかと言われている。プラスチックには内分泌攪乱《かくらん》物質が含まれており、そのせいで免疫力の低下をもたらす可能性があるからだ。

小見出しの区切りごとに服部先生が内容をまとめ、難しい用語などを解説。質問がないか確認しながら進んでいく。中学生にとっては難解な漢字(「攪乱」や「曝露」など)や用語(「可塑《かそ》剤」や「粒子毒性」など)もかなり出てくるため、読めない箇所で詰まることもあるが、それでも懸命に読んでいるのが伝わってくる。

大地　「クジラほどの大きな生物がレジ袋などのプラスチックで命を落とすというのは衝撃的

だった」

愛野「ウミガメにストローが刺さっている映像を見たことがある」。プラスチックが直接的に命を奪っていることがわかる。では、どうすればよいのか。

莉子「レジ袋を削減するのはいいことだけど、それだけではとても追いつかない。わたしたちはなにをすればいいのかな」

問題意識を共有したところで、次は人体への影響を見ていく。プラスチックは劣化を遅らせるためさまざまな添加物を使用しているという。この物質がホルモンバランスを乱し、生殖器に影響を与える。毎年、世界中で膨大な量のプラスチックが海に流されていく。自然分解されないため、ごく微量のマイクロプラスチックとなって海洋生物の餌となる。すると、マイクロプラスチックは生物の内部から体を攻撃する「トロイの木馬」のような役割を果たす。ここで「トロイの木馬」についての解説(もともとは、巨大な木馬の中に兵士が入り敵地に忍びこんで闘う作戦。コンピュータにこっそりインストールされた悪質なプログラムの意味でも使われる)。最近の合成洗剤や柔軟剤には、芳香剤を含んだマイクロプラスチックが使われている製品もある。身近な話題だけに、「それ、うちでも使ってる」という声が上がった。

では、規制をすることはできないのか。日本ではヒトへの影響についてはまだ研究段階にあり、国際的には、ストックホルム条約で規制対象とするかどうか検討中。ただ、添加物の一種類が規制されても、大きな流れにはならないという。いまや、プラスチックを作ることも廃棄することも、地球温暖化に加担してしまう。

莉子「便利だといって使いはじめたはずなのに、それが人間の手に負えなくなってしまったんだよね。大量生産、大量消費から抜けだせなくなっている。プラスチックを使わないためにはどうすればいいのかな」

愛野「魚が嫌がる成分をプラスチックに混ぜる方法もあると聞いたけど、どうなんだろう」

服部先生「それは大規模に転換を促す方向につながるね」

莉子「自分の手の届かないところにプラスチックが流れていってしまうのは怖い。自分たちの使ったものが自分たちで処理できていない気がする。自分に制御できないものは使わないほうがいいと思う」

舞果「利益や便利さを優先させるとあとでどうなるか、考えればわかるはずなのに。なぜ人間は先のことを考えないのかな」

服部先生「なるほど。これは原発問題にも通じるね。原発を誘致するときは目の前の利益を優先し、人々もそれに乗った。百年後の人たちのことより今の利益のほうが大事だと思ってしまうのだね」

舞果「それを先に実行した人が得をして、あとの人が苦しむのはおかしいと思う」

大地「いろいろな国がいっせいに取り組まないと、また別の場所から問題が発生してしまう。経済大国も発展途上国も問題を共有するべきじゃないかな」

服部先生「世界で同時に革命を起こすということだね。学者の斎藤幸平さんは、資本主義に問題があると言っています。資本主義というのはごく一部の人だけが利益を上げられるシステムであり、利益を上げるには大量生産、大量消費が欠かせない。だから資本主義そのものを見なおしてはどうかと提言しているのです。それに対してナオミ・クラインという人は、ただ資本主義を解体すればいいというものではなく、あらゆる対策が必要だと言っている」

大地「ナオミ・クラインというのは『ショック・ドクトリン』(岩波書店、二〇一一年)で火事場泥棒的な資本主義を批判した人ですよね」

服部先生「そう、よく知っているね」

そして最終段落が読みあげられる。プラスチックは「私たちヒトを含む生態系の隅々まで汚染」し、人類は「地層の中にマイクロプラスチックが刻まれる人新世を作ってしまった」。ここで「人新世《ひとしんせい》」(人類の行動が地球を破滅に追いやりかねない時代を指す新たな地質年代)の解説。

2020 年夏，読書会メンバーで多磨全生園を訪れた（千歳《ちとせ》撮影）

二時間の読書会が終わった。高三の生徒が、「卒業したらもう参加できないの?」と訊き、初めて参加した生徒が、「こういう文章を読めるなら、これからも参加したい」と言っていたのが印象に残った。この試みを始めたのは、服部先生自身が大学生のとき、指導教官の主催する読書会に参加し、学び合う喜びを知ったからだという。読書会の方法も、「教官のやりかたをそのまま真似ているだけです」とのこと。「今の僕があるのは、あのときの読書会のおかげなので、生徒たちにも、大学などでぜひ読書会を立ちあげてほしいと伝えています」

中高生には難しいと思われる記事をあえて選ぶ理由も教えてもらった。「民主主義には知性が必要です。そういう知性を生徒たちにも身につけてもらいたい。『世界』は戦後の民主主義思想を牽引してきたし、僕はこの雑誌を信頼していますから」。テーマは難しいながらも、生徒たちは真剣に考え、それを言葉にしようとしていた。その言葉が、実は問題の核心を突いていることもあるから驚く。

二〇二〇年、障害者殺傷事件について話し合ったときには、優生思想に関する議論を経て、生徒とともにハンセン病資料館(国立療養所多磨全生園)を訪れたという。教員側のこうした本気度は生徒にも伝わるはずだ。みずから進んで読書会に参加してくる彼ら彼女らには、もしかしたら今世の中で最先端の問題を話し合っているという自負があるのかもしれない。読書会で取りあげたことがニュースで流れると、その内容がよくわかるようになったという生徒や、ほかの生徒が選んだ記事を読むうちに、これまで知らなかった話題(たとえば「ブッシュミート(野生動物食)」)などの話題にも関心を持つようになり、社会を見る目が変わったという生徒もいた。読書会で話し合った内容をノートに取っておいて、それを見直すと、自分の身になっているのがわかって嬉しいという感想もあった。自分のためになるとわかれば、強制されなくても生徒は参加するものなのだと目を啓かされる経験だった。

読書会を成功させるためのヒント②――課題本選び

読書会の性質にもよるが、課題本は基本的に参加者が読みたい本を選ぶのがよい。ただ、勉強会やビジネスパースンの「朝活」のような読書会の場合は、ファシリテーターが次回の本を決めてしまうケースが多い。そのほうが、次になにを読むかで頭を悩ませずにすむし、自分では手に取らないような本に出会える可能性もあるだろう。

メンバーだけで自主的に開催している読書会では、やはり自分たちが読みたい本を自分たちで見つけてくる、という作業も大事で、それも読書会の一部だといえるかもしれない。

わが読書会では、次に読みたい本をだれかしらが挙げて、とくに反対意見がなければそれに決まる場合がほとんどだ。ときには、同じ作家の作品をまとめて読むこともある。たとえばドストエフスキーを読んだときは、『貧しき人びと』から始まって『白夜』『死の家の記録』『虐げられた人びと』『地下室の手記』『罪と罰』『白痴』と、ほぼ作品の年代順に読んでいった。そうすると、作家自身の人生とともに作品がどう変遷していったかがわかって、なおさら興味深く読むことができる。

何か月もかかって長編小説を読み終えたときには、箸休めとして軽く読める短編小説を取りあげることもある。また、テーマに添って本を選ぶのもおもしろい。たとえば、黒人のお手伝いさん（ヘルプ）たちが、若い白人女性の力を借りて、なんとか現状を変えようと勇気を出して立ちあがる物語『ヘルプ――心がつなぐストーリー』(上・下、キャスリン・ストケット、栗原百代訳、集英社文庫)を読んだあとは、人種差別の本を何冊か取りあげてみようということになり、『ハックルベリー・フィンの冒けん』(マーク・トウェイン)、『八月の光』(フォークナー)、『アラバマ物語』(ハーパー・リー)と読んでいった。

作品のなかで主人公が読んでいた本に興味が湧いて取りあげたこともある。こんなふうに、本が次の本を呼んでくれるため、長く続いている読書会であれば、課題本選びにそれほど迷うことはないだろう。本選びは余裕をもって二、三か月くらい先のものまで決めておけると準備がしやすい。一年分決めてしまうというやりかたもあり、そうしておけば毎月本選びに悩む必要はなくなるが、読みたい本はそのときどきで変わっていくものなので、あまり早い段階から決めてしまわないほうがいいかもしれない。

本を何回に分けて読むかも難しいところだ。基本的にはひと月に一冊だが、分厚い本は二回に分けて読むこともある。長編の場合は何か月あるいは何年かかけて読む。ただ、本の途中までで話し合いをすると、全体像が把握できないためやりにくい場合が多いし、先が気になって最後まで読んできたメンバーが、ネタばらしをしてしまう恐れもある。結局のところ、少しくらい分厚い本でも、頑張ってひと月に一冊読むのが理想である。

III　司書として主催する

学校の読書会

前述のとおり、わたしは翻訳業のほかに、私立の中高一貫校の図書館で司書の仕事もしている。その学校は読書活動がさかんで、活動のひとつに読書会がある。読書会は学期に一度開かれ、図書委員の「読書会係」と有志の生徒との八人ほどが参加する。

これまで課題にした本は、『彼女のアリア』(森絵都)、『黄色い目の魚』(佐藤多佳子)、『さがしもの』(角田光代)、『チヨ子』(宮部みゆき)などだ。どれも、全国学校図書館協議会が出版している「集団読書テキスト」シリーズの作品である。このシリーズは一冊が短編ひとつぶんで、薄くて安価なので、参加者の人数分をこちらで用意しておくことができる。中高生が興味を持ってくれそうな恋愛や家族などをテーマにしたものを選ぶことが多い。

読書会を始めた当初は、中学生と高校生の合同で開催していた。高校生は中学生をリードし、中学生は高校生の意見に刺激を受ける。それこそ、中高一貫校の利点ではないか。しかし、実際に始めてみると、そううまくはいかないことがわかった。もちろん、充実した話し合いが持てたこともあるが、それは全員がきちんと本を読んできて、意見を言ってくれるのが前提だ。

なにより、まず出席させることが大変なのである。中学生は学校の行事が多くて忙しいし、高校生はクラブ活動や塾で放課後が埋まっているため、日程調整が難しい。

なんとか日程が決まったら、一か月前に読書会の日時を参加者ひとりひとりに伝え、二週間前に本を渡し、当日の朝には担任教員を通じて、忘れず出席するよう念押しをしておく。それでも直前になって「用事ができた」と言いに来るのはまだいいほうで、無断欠席する生徒も少なくない。

高校生の意見に中学生が耳を傾ける

無理やり来させたとしても、読了さえしていない生徒がちらほら。感想を求めても、「おもしろかった」「読みにくかった」などひとことで終わってしまう。発言のハードルを下げようと、「登場人物のなかでだれがいちばん好きだった？」「印象に残った言葉はある？」と、なんとか突破口を探してみる。そこから議論を発展させていける生徒がひとりかふたりでもいると、ほかの生徒もそれにつられて喋りだしてくれるからだ。生徒の読みがあまりにも浅いと、わたしはオブザーバーの立場でありながら、ついもどかしくなってひとりで喋ってしまい、あとで反省することもしばしばだ。

生徒たちは、図書委員になって初めて読書会というものを経験する。本を読んで意見を交わすことに慣れていないため、なにをどう話していいかわからない。それならば、と進行役の生徒を決めてあらかじめ本を読ませ、話し合うポイントを十ほどピックアップさせて、たたき台を作ってみた。それを本と一緒に前もって配り、考える準備ができるようにしておくのだ。ところが、そうすると実際の読書会では「問題と答え」のような単調なやりとりが続くだけで、そこから話し合いが生まれるでもなく、授業の延長みたいでおもしろくないのである。本の内容からはずれて自分の経験談や雑談になってもかまわないから、とにかくなにか話してもらいたいのだが、生徒たちは言葉が続かない。読書会の醍醐味である「相手の言葉を聞いているうちに、言いたいことが湧き出てくる」というジャズの掛け合いのようなやりとりに進展しないのだ。それを見ていると、もどかしくてたまらなくなる。

本からなにかを感じていても、それを言語化できないのか、それとも、そもそもなにも感じないのか。とはいえ、一冊の本を読んで、自分の心に響く一節をうまく切り取ってきて、なにがどう心に響いたのかを言葉にするには、ある程度の読書量と人生経験が必要だ。わたし自身、初めて読書会に参加したころは、ほとんど発言できなかったし、ましてや高校生のときに、感想を言えと迫られてどれほどのことが言えたか、まったく自信がない。それを思えば、生徒たちの気持ちもわからなくはないのだ。

あるとき、参加した生徒が「知らない生徒ばかりだから、座っているだけで緊張した」とポツリと漏らした。そうか。大人同士なら初対面の相手とでも本の話をすることは可能だが、中高生にとっては、クラスや学年の違う生徒とテーブルを囲むだけで臆してしまうのだ。わたしから見れば「同じ学校の生徒だし、同年代なんだからもっとワイワイやってよ」としか思えなかったが、どうやらデリカシーが足りなかったらしい。それならまずは緊張をほぐすところから始めようと、自己紹介を兼ねて「自分の好きなこと三つ」を挙げて口慣らしをさせてみる。共通の趣味が見つかって話がはずんだところで、本の感想をひとりずつ話していくことにした。

しかし、これだけ工夫してみても、やはりふだんから本をよく読む生徒は自分の感想をきちんと言葉にすることができるが、ほとんど本を読まない生徒からは言葉が出ない。なにしろ、授業でも教員が一方的に話す形態がほとんどで、生徒同士で議論をしたり感想を言い合ったりする経験をしてこなかったのだから無理もない。話すことが見つからない生徒は、読書会の場にいてもおもしろくないので、時計ばかり気にして、早く帰りたいオーラを出しまくる。そういう生徒に無理やり発言させるのは、こちらとしてもつらい。読書会のあと、そんな生徒のひとりに「どうだった？」と声をかけてみると、彼は「あいつら、こえーなと思った」と吐きすてるように言い、さっと帰っていった。その言葉に、わたしは冷水を浴びせられたような気持ちになった。彼の表情と乏しい語彙だけで、じゅうぶんにその想いが伝わってきたからだ。要するに、「本を読んでこんなふうに人前で恥ずかしげもなく意見を言うやつらは、自分から見ればコワい存在だ」ということだろう。ショックだったが、彼を責める気にはならなかった。むしろ、強制的に出席させ、一時間も座らせていたことを申し訳なく思った。彼にとって本を読むことは苦痛で、そのうえ感想を言えと迫られるのは拷問以外のなにものでもなかっただろう。朝読書の時間でも、本を読むふりをして時間をやりすごしている生徒は少なくない。

これまで、図書委員の「係」として読書会に参加させてきたのは、どんな生徒にも読書会のおもしろさを一度は味わってほしかったからだ。読書会の雰囲気だけでも知っていれば、大人になったとき、どこかでまた参加してみる気になってくれるかもしれない。もちろん、一定の成果はあった。「初めての経験だったが、ほかの生徒の意見を聞くのは新鮮だった。また参加したい」と言ってくれる生徒も少なくなかったからだ。

それでも、強制的に話し合わせることに、わたし自身がもはや限界を感じていた。考えてみれば、これまで欠席者が多いときでも、出席してくれた数人だけで読書会を開くと、彼らは「読めて発言できる」生徒であることが多いので、驚くほど話し合いが盛りあがった。たとえば、『パニック』(開高健)を課題にしたとき、出席者は高校生四人だけだった。この作品は、大量発生するネズミに街が翻弄されるようすを描いたものだ。ネズミ駆除の対策をめぐって、権力に抗う人間と迎合する人間との心理戦が繰り広げられる。「時代背景や内容が複雑で読みにくかったが、少し難解な本に挑戦すると、頭も感性も耕される感じがする」と言ってくれた生徒がいた。また、本好きの中学生女子だけを集めて『こころ』(夏目漱石)を課題にしたときは、「自分がふだん読む本とは違って、登場人物の言葉の奥にある感情を読み取るのが新鮮だった」という感想があり、中学生なりにさまざまな意見が出て、気持ちのよい話し合いになった。それなら、ほんとうに参加したい生徒だけで少数精鋭の読書会にしてはどうだろう。そこで、次年度からは形態を変えてみることにした。

高校生4人の少数精鋭で読んだ『パニック』．内容は難しかったが，深い話し合いができた

開催日時や課題本を告知するポスターを、絵が得意な生徒に作ってもらい、図書館入口と各クラスに掲示する。そして、参加希望者に貸し出せるよう、本を十五冊ほど用意しておく。一学期の課題本は、わたし自身が強い衝撃を受けた作品でも

ある『コンビニ人間』(村田沙耶香、文春文庫)だ。この本は生徒の貸し出し数が多く、カウンターで感想を聞いてみても嬉々として喋ってくれる生徒が多かったのだ。そのようにして迎えた、有志による第一回目の読書会。わたしはあらかじめ課題本を再読し、話し合うポイントもいくつか準備して待った。しかし当日、なんと参加希望者はひとりもあらわれなかった。彼らは本を読んではいても、その感想をみなで話し合った経験がなく、そもそも読書会というものがなにをするのかわからないし、そのうえ、おおぜいの前で発言させられるのはいやだ、と二の足を踏んでしまうのだろう。結局、その日の読書会は司書三人だけで行ない、次回からの戦略を練った。

第二回目は、本をよく借りる生徒に前もって直接声をかけ、一本釣りすることにした。生徒のほかに、図書館を利用する教員や職員にも告知しておいた。課題本は、以前の読書会でも取りあげた村上春樹の『沈黙』。いじめをテーマにした本だ。参加者は高校生三人と教職員四人、司書二人。「タイトルの『沈黙』はなにを意味するのか」「自分がクラスメートだったらどうしていたか」「いじめる側の立場から考えてみたらどうなるか」などの話題が出た。生徒は生徒の立場から自分の経験を話し、教員は教員の、あるいは親の立場から、いじめとどう向き合うかを発言し、実のある話し合いになった。

第三回目は、モーパッサンの『首飾り』(新庄嘉章訳)を取りあげた。華やかな生活に憧れていた女性が、あるとき役人の夫とともにパーティーに招待され、友人から宝石の首飾りを借りる。ところが、パーティーから帰るとその首飾りがないことに気づいて青ざめる。ほうぼうから莫大な借金をして同じ品物を購入し、友人に返したあとは、夫婦で働きづめに働き、十年かかって借金を返済する。ところが、その後友人にばったり会ったとき、真実を告白すると、思いがけない答えが返ってくる。あの宝石はもともと、安価なまがい物だったというのだ。

意表を突くこの結末に、生徒たちがどんな反応をするか楽しみだった。集まったのは男子高校生三人と女子中学生一人、教職員三人と司書二人。生徒のほとんどは「首飾りをなくしたとき、正直に告白していればこんな苦労をせずにすんだのに」という意見だった。「なぜ彼女は正直に言わなかったのだろう」と掘り下げてみると、「恥をかきたくないという虚栄心ではないか」と中学生女子が答えた。「自分もやっぱり言わないかもしれない。友だちに借りた本をなくしたら、気づかれないように買って返すから」と男子。「最後の場面でばったり友人に会ったとき、なぜすべてを打ち明けずにいられなかったのか」という疑問には「これまでの苦労を承認してもらいたい気持ちがあったのでは」と教員のひとりが答えた。「十年間で主人公の女性は精神的にどう変化したか」という問いかけには、「以前は不満ばかりだったが、自力で借金を返し終えてたくましい女性になった」「苦労はしたが、すがすがしいほどの達成感があったはずだ」「いや、不幸の質が変わっただけでは」などの意見が出た。

そのあと、ひとりの男子がこんな発言をした。「もし自分がこの夫の立場だったら、妻が借金を背負っても放っておく。だって、首飾りをなくしたのは妻なんだから」。わたしは驚いて一瞬言葉に詰まったが、彼の露悪的ともいえる発言に、「これは裏になにかあるな」と感じ、ちょっと探りを入れてみた。「でも、夫婦というのは助け合うものでしょ? あなたのご両親はどう?」 するとこんな答えが返ってきた。「助け合うどころか、話もしない」「じゃあ、ほかの家族同士は?」「家族で話なんかほとんどしない。みんなばらばらだよ」。なるほど、そういう事情があったのか。彼はそのあともクールな表情で「僕は親にも結婚にもなんの期待もしていない」というようなことを淡々と話しつづけた。

読書会が終わったあと、もうひとりの司書から、「あんなに個人的なことを訊きだすのはどうなのか」という意見が出た。しかし実を言うと、わたしはこういう会話こそが、学校で読書会をする究極的な目的だと思っている。本を読んで内容を解釈したり、教訓を得たり、意見交換したりするのはもちろん読書会の利点だろう。しかし、本について語ることは自分自身を語ることでもあるのだ。家族関係やいじめや死など、ふだんは口にしにくい話題だからこそ、文学という媒介を使って自分の想いを言語化できるのであり、それはとても重要なことだ。たとえ百年前の物語であっても、そこには現在のわれわれとまったく変わらない人間の営みや心理がある。その普遍性こそ、古典作品を読む醍醐味だ。作品にみずからの経験を重ねることで、読者は自分の置かれた状況を客観的に捉え、内面を言語化できるようになる。大人同士の読書会でもまったく同じだが、とくに中高生という、まだ語彙力も言語化力もじゅうぶんでない年代の彼らにとって、読書会はよい訓練の場になるはずだ。欧米の刑務所で、更生プログラムのひとつとして読書会が用いられるのもそのためである。ふだんは無口な男子が、本に触発されてみずからの経験を驚くほど率直に語るとき、「ああ、彼は今、百年前の作者とつながったのだな」と感じるのである。

泣ける本——学校図書館というところ

「泣ける本」という言いかたが嫌いである。耳にするたびに違和感を覚える。そもそも、涙というものは出そうと思って出るものではない。感動したり悲しかったりしたときに、思わずこぼれてしまうものだろう。泣くつもりなどまったくなくても、人はいつのまにか泣いてしまうのである。それを、「泣ける」とはなにごとか。一冊の本にお金と時間を投資するからには、

「泣く」なり「笑う」なり、なにかしらの見返りがなければ割に合わない、といういじましささえ感じられる。最初から見返りを求めて本を読むなど、邪道もはなはだしい。

わたしの嫌いな「思い出づくり」という言葉にも、これは通じるものがある。思い出というのは、なにかをしたあとに自然に残るものであって、あらかじめ作ろうと思ってできるものではない。思い出を作るために旅をしたり遊んだりするのは、本末転倒と言わざるをえない。つまりは、お手軽に報酬を求めすぎなのである。

人生はそう簡単に見返りが得られるものではない。それを教えてくれるのが本であったはずなのだ。ただし、読みごたえのある本は作品に入りこむのに多少の努力を要する。とくに、古典は気軽には読み進められないものが多い。がっぷり四つで作品と向き合うには、まず足腰を鍛えなくてはならない。最初の五十ページくらいまではとにかく踏ん張って読み進める体力が必要なのだ。たぶん、中高生にそんなことを言っても「いったいなんのためにそれほど苦しんでまで本を読む必要があるのか」と不思議がられるだろう。彼らが求めているのは、冒頭からすんなり物語の世界に誘《いざな》ってくれて、どんどんページをめくらせてくれる本だ。まあ、それはそれでいい。しかし、手軽に読める本からは手軽なものしか得られまい。わたしはそう思っていたのだが、なんと彼らはそういう本を読んで「心から感動した」と言うではないか。もしかしたら、効率よく感動を得られるように進化したのかもしれない。

今、中高生に人気があるのは、「五分後にこんな感動を味わえます」と、読む前から糖度を保証してくれる本だ。なかには、「世界文学の名作をあらすじで教えてくれる本」まである。文学を要約することにいったいなんの意味があるというのか。そして最近は、文学作品そのものも漫画に置きかわりつつある。

ずいぶん前から、中高の図書館ではライトノベルの花盛りだが、だからこそ司書としては、古典文学作品を意識してそろえるようにしている。それでも、古典を借りていく生徒はほとんどいない。たまにカミュやヘッセなどを借りる生徒がいると、「おっ」と思うし、『カラマーゾフの兄弟』が借りられたときは、その生徒が更新手続きに来るたびに、どこまで進んだかな、と栞《しおり》の位置をひそかに確認し、どうか挫折しませんように、と祈るような気持ちで本を渡した。わたしの大好きな『レ・ミゼラブル』が借りられ、めでたく読了した生徒が返却に来たときには、つい感想を共有したくて「あの場面、どうだった？」「ラストシーンどう思った？」と尋ね、語り合いたくなった。そんなとき、喜んで話してくれる生徒もいれば、あまり話したがらず、逃げるように去っていく生徒もいる。なにしろ、本好きの生徒は往々にして内向的なのである。本来、物語はひとりで味わうものだから、それはまったく問題ない。けれども、いつか大人になったら、文学をだれかと語り合う楽しさも知ってほしい。

休み時間や放課後にひとりで図書館に来て、ずっと本を読んでいる生徒がいる。もしかしたら、教室にいづらい事情があるのか、それとも純粋に本が好きで夢中になって読んでいるだけなのだろうか。わたしはその生徒がまとっているオーラを観察する。話しかけたいのはやまやまだが、図書館は学校でひとりになれる数少ない場所でもある。だから、ひと声かけるにも、その生徒がなにを求めているのか、慎重に見きわめなければならない。あるとき、よく図書館にひとりで来る生徒に、「元気?」と声をかけてみた。すると、彼女はこちらにもわかるほど大きなため息をついて、さっといなくなってしまった。ああ、しまった。わたし自身、中高生のときは人からむやみに話しかけられるのが嫌いだった。それなのに、司書という立場になったとたん、その気持ちを忘れてしまうとは不覚であった。

今日も、カウンターにはさまざまな要望を持った生徒たちがやってくる。「知念実希人さんの最新刊が読みたい」と言われれば、すぐに題名を調べてオンラインで書店に発注。入荷したら最優先で書誌データをダウンロードして図書館システムに蔵書登録し、分類記号を打ちだしたラベルを背表紙に貼ったあと、蔵書印を押し、ビニールカバーをかけて(一冊三十秒で仕上げる職人技)、リクエストした生徒に連絡する。

生徒たちがリクエストしてくる本は、『六法全書』(所蔵していた二年前の版ではなく、どうしても最新版が見たいと言い張るのである)から人気アイドルのエッセイ集まで実にさまざまだ。おとなしそうな中学生の女子からそっと手渡されたリクエスト用紙に、『脳漿炸裂ガール』(吉田恵里香、角川ビーンズ文庫)と書いてあってもいちいち驚いていてはいけない。以前、高校生から舞踏家、大野一雄の豪華な写真集を購入してほしいと頼まれたこともある。たとえほかの生徒が興味を示さないような特殊な分野の本でも、あるいはかなり高価でも、もしかしたらこの一冊が生徒の将来を決めるかもしれないのだ。そう思えば、できるかぎり要望に応じたいとこちらも頑張る。

生徒が探している本を、ごく小さな手がかりからすばやく見つけだすのも司書の腕の見せどころだ。「題名は忘れたけど、青い表紙に大きな顔が書いてある本、なんだっけ?」と訊かれれば、一瞬の迷いもなく『ワンダー』(R・J・パラシオ、中井はるの訳、ほるぷ出版、二〇一五年)を差しだす。「国語の先生に読めと言われたんだけど、芋むしりみたいな感じの本、ある?」と尋ねられたときには、しばらく考えたあと『芽むしり仔撃ち』(大江健三郎)を手渡した。

「明日、レポートの締めきりなんですが、「監視社会」に関する本ありますか?」と生徒が駆けこんでくる。「明日が締めきり? もっと早く言ってよ!」とつぶやきながら、そのテーマ

中学生男子．こういう場合はぜったいに話しかけない

の本なら奥の棚の三段目あたりだなと見当をつけて書棚に直行。わかりやすそうな本をピックアップして渡したあと、その分野の本が足りないと思えば、何冊か見つくろって発注しておく。試験前になると、「『舞姫』の現代語訳ありますか？」と何人もやってくる。彼らにとって森鷗外は、もはや紫式部と同じ「大昔の人」だ。

「これまで一冊も本を読んだことがないんだけど、まずなにを読んだらいい？」という（いろいろな意味で）恐ろしい質問には、そんなときの定番として『カラフル』（森絵都、文春文庫）を勧める。一週間後に面接ですという受験生には、新聞や時事用語解説本のある場所を教えてから、最近のニュースについて少し語り合い、問題意識を高めてもらう。小論文を見てほしいと言われたときは、文章を添削し、「もっとここを強調して」とアドバイス。ビブリオバトルの全国大会に出場したい生徒がいれば、原稿を書かせ、本番に向けて一緒に練習する。もちろん本番も応援に行き、図書館広報に載せるための写真も撮ってくる。読書感想文コンクールに応募するときには、山積みになった生徒の感想文から優秀なものを選んで、応募できるレベルになるまで、細かな箇所を修正させていく。読書会の時期が来ると、どんな本なら読んでくれるか、どうすれば生徒が集まるか、あれこれ策を練る。

図書館によく立ち寄ってお喋りをしていく男子から、「僕は男の子にしか興味がないんだけど、それを親にどう打ち明けたらいいと思う？」と相談されたときには、母親の身になって考え、「いきなり告白するのではなく、さりげなく小出しにしていったほうがよいのでは」と答えてみた。

中高生にもっと古典文学を読んでもらいたい。そう願いながらも、わたしは生徒の希望に応えるべき学校司書でもある。生徒から「泣ける本ありますか？」と尋ねられれば、笑顔で「ありますよ」と答え、「どんなふうに泣きたいの？」と相手の要望に合わせて、即座に四、五冊くらいは泣ける本を挙げてみせられる善《よ》き司書なのである。

読書会を成功させるためのヒント③——参加者に多様性を持たせる

読書会の人数は五人から十人くらいが適切である。少なすぎるとひとりひとり話せる時間が多くなり、存分に喋れるという利点はあるが、意見の多様性が薄れるせいで、議論があまり発展しない。逆に人数が多すぎると口をさしはさむ余地がなく、言いたいことを言えずに欲求不満のまま終わってしまう。それに、どうしても話題が広く浅くなりがちなため、議論が深まらない可能性もある。適切な人数を保つのは、読書会にとってきわめて大事な要素のひとつだ。

また、読書会の参加者は、年齢も性別も職業もなるべく多様であるほうがよい。わが読書会のように平日の昼間に行なう場合は、勤め人が参加するのはまず無理なので、メンバーがある程度限られてしまう。そのため、現在は自営業者と専業主婦がほとんどだ。以前は男性がふたりいたのだが、今では女性ばかりになった。わたしが参加しはじめたころは、二十代から八十代まですべての年代がそろっていたため、三世代の意見が聞けた。まだ若かったわたしは、八十五歳の人と文学をとおして話し合えることが嬉しくてたまらなかった。わたし自身の祖母が文学作品を手にしているところなど見たこともなかったし、親とも本の話などほとんどしなかったからだ。

文学を通じてであれば、五十歳以上の年齢差があろうと、なんの違和感もなく語り合える。これほどすばらしいことがあるだろうか。

Ⅳ　文学に生かされて　Ⅰ

ようやくのヘミングウェイ

このところずっとアーネスト・ヘミングウェイを読んでいた。わが読書会ではこれまでフランス文学を中心に読んできたため、アメリカ文学はあまり取りあげなかった。だから、「ようやくのヘミングウェイ」なのである。そのきっかけとなったのが、二〇二〇年夏に『老人と海』の新訳が出たこと。高見浩さんの訳は「マッチョではない老人サンチアゴ」が描かれていると話題になっていたため、読んでみようということになったのだ。

不漁の続いていた老漁師がひとり海に出て、三昼夜にわたり巨大カジキと格闘する。ほぼそれだけを描いて一編の小説にしてしまうヘミングウェイの力量には、メンバー全員が感嘆した。いったん読みはじめるとサスペンスの連続で、いつ大魚が来るのか、老人はどう闘うのか、最後はどうなるのかとハラハラしどうしだった。カジキが来るまでの穏やかな時間、凪いだ海に陽光がきらめく。「小鳥に語りかけたり、イルカにやさしいまなざしを向けたりするあたり、老人の孤独感も同時に迫ってくる」という感想もあった。

そしていよいよ獲物との闘いが始まる。敵であるはずの獲物がしだいに同士のようになっていき、姿はなかなか見えないものの、ともに闘っているあっぱれな存在として描かれる。なにより、老人と獲物との対話に深い味がある。「こうなったら、どっちがどっちを殺そうと同じこった」。それにしてもこのサンチアゴ、カジキと格闘するだけでなく、カジキを襲うサメの群れもバッサバッサとやっつけていく。まるで闘牛士のようだという感想があったほど。この人物のいったいどこが「老人」なのか。

「陸で老人を待つ少年の存在がいい」という意見多し。老人と少年の会話や行動からにじみ出る、お互いへのリスペクトがすばらしい。老人と海との対決は、カジキの骨だけを持ち帰る、という敗北に終わる。しかし、「あくまで闘いぬいて生還したのだから、彼は勝者ではないのか」という意見があった。そんな容赦ない闘いぶりは、終わってみると人生そのものの比喩のようでもある。

次に読んだのが『武器よさらば』だ。これは戦争と恋愛という、ヘミングウェイの個人的なふたつの体験を融合させた作品だが、「恋愛の要素が勝ちすぎている」という意見が多かった。主人公はアメリカ人の若者で、第一次世界大戦中イタリア軍に志願して従軍する。ハンサムで人柄もよいためか、戦場でも病院でもホテルでも人に好かれ、困ったときにはだれかが助けてくれる(金離れがよかったからだろうという感想も)。それにしても、彼は戦争中なのに優雅な暮らしぶりで、酒ばかり飲んでいる。ただ、戦場で九死に一生を得る体験をしたあと、それをだれにも語らず、何事もなかったように振る舞う潔《いさぎよ》いところもある。愚痴や泣きごとはいっさい言わず、過去も語らず、「男の美学」を貫くのだ。

昔見た映画の印象では、全体的にもっと重厚で主人公も成熟しているように思えたが、本を読んでみると、ああ、彼らはみな若者だったのだなと感じた。わたしは金原瑞人訳で読んだのでなおさらだったのかもしれないが、会話を含め、ちょっと軽めで今ふうの印象を受けた。主人公の一人称も金原訳は「おれ」で、ほかのメンバーが読んでいた高見訳は「ぼく」。これだけでもずいぶん雰囲気が変わってくる。

タイトルからして、前線での激しい戦闘場面があるのかと思いきや、主人公は傷病兵搬送係ということもあり、さほど生々しい描写はない。しかし、さっきまで隣にいた部下が一瞬で命を奪われる場面や、前線を離脱しようとする味方の兵士を射殺する場面は鮮烈で、それだけでじゅうぶん戦争の悲惨を伝えているという意見もあった。「人は死ぬものだ。人は死ぬ。それも何がなんだかわからないまま」

ヘミングウェイの繊細でロマンチストな一面を感じさせるのが最後の場面だ。出産のため入院した恋人キャサリンと、赤ん坊の誕生を待つ主人公に、思わぬ運命が待ち受けている。そしてすべてが終わったあと、彼はその場を立ち去る。「しばらくして、部屋を出た。病院を後にすると、ホテルまで歩いてもどった。雨が降っていた」(原文は After a while I went out and left the hospital and walked back to the hotel in the rain.)という締めくくりの一文がせつなくてたまらない。この一文で『武器よさらば』が「文学」になったと感じたほど。高見訳では「……雨の中を歩いてホテルにもどった」となっている。こちらがオーソドックスな訳しかただと思われるが、この作品ではとりわけ雨が大きな役割を果たしているため、最後も原文どおり雨の印象を残して終わりたい。翻訳は、原文の読者が驚いたり悲しんだりするのと同じ順序で、読者を驚かせ悲しませるのが原則だ。しかしこの場合、そうするにはもともと短い一文をいくつかに分けなくてはいけなくなり、勇気がいる。それでも、どうしても原文どおり雨で終わらせたかったベテラン訳者の勇気が功を奏しての、このせつなさである。戦闘での退却中も、ふたりの逃避行中も、そして最後も雨。戦争と恋の悲劇であるこの物語に、雨はよく似合う。読んでいるあいだ、通奏低音のように雨の音が聞こえていた。

その後『誰がために鐘は鳴る』も読んだが、意外なことに、読書会でいちばん評判のよかったヘミングウェイ作品は『移動祝祭日』だった。若き日のヘミングウェイが妻とともにパリでの生活を楽しみ、さまざまな人物と交流を重ねるようすが描かれ、非常におもしろく読める。

「日だまりのカフェで原稿書きをしているヘミングウェイの姿が目に浮かぶようだ」「きれいな娘に見とれながら仕事に戻る場面など、若い作家の意気込みがほほえましい」という感想も。なにより、人間への誠実さと、創作に対する真摯な態度が感じられて好感が持てる。それにしても、滞在場所はなぜパリだったのか、ということも話題になった。パリなら創作がはかどると言われ、作家修業中の彼は、結果的にパリで有名作家やパトロンや怪しげな人たちとも知り合い、人間観察をし、コネクションを作り、ストイックに仕事をする。まだ短編しか書いていないので早く長編を書かなければという焦りや、作家同士の嫉妬や、創作の秘密など、率直に語られているのも本書の興味深いところ。

シェイクスピア・アンド・カンパニー書店の店主シルヴィア・ビーチ、癖の強いガートルード・スタインなどが彼に目をかけてくれる。「つねにざわめいているカフェで、よく集中して書けるものだ」という感想があった。当時はアパルトマンの設備が整っていなかったため、カフェのほうがずっと居心地がよかったという。それに、ざわついているほうがかえって集中できる人もいるのだ。

先輩作家であるスコット・フィッツジェラルドはいかにも情けない男のように描かれている。それでも「フィッツジェラルドはどこか、かわいげがあって憎めない」という意見もあった。

結局ここに描かれるのは、あくまでヘミングウェイの目から見た人物たちであり、一面の事実でしかない。「それにしても、死の直前にここまで書けるとは」と多くのメンバーが口にした。すでに自死が射程に入っていたからこそ書けたのかもしれない（読書会ではその後、フィッツジェラルドの作品も読んでみようということになり、『グレート・ギャツビー』を課題本にした）。

自分をごまかさずに人生を振り返ることは難しい。晩年に本書を執筆するにあたって、ヘミングウェイは記憶のあいまいな箇所を、パリでの日々をともにした最初の妻ハドリーに問い合わせたという（ヘミングウェイは生涯に四回結婚している）。そのエピソードが、わたしにとってはなにより印象に残った。ともに過ごした若き日々のあと別れがあり、それぞれに生きてきた長い年月があったあと、ふたりはどんな思いで、どんな会話を交わしたのだろう。案外、昨日も会っていたかのような、さらりとした会話だったかもしれない。ここには、人生経験を積んだ大人にしかわからない男女の機微が感じられて、胸が苦しくなる。

本の扉にあるのはヘミングウェイが友人に語った言葉で、「移動祝祭日」というタイトルはここから採られた。暗誦したいような言葉である。「もし幸運にも、若者の頃、パリで暮らすことができたなら、その後の人生をどこですごそうとも、パリはついてくる。パリは移動祝祭日だからだ」

ヘミングウェイ『老人と海』高見浩訳、新潮文庫
ヘミングウェイ『武器よさらば』上・下、金原瑞人訳、光文社古典新訳文庫
ヘミングウェイ『移動祝祭日』高見浩訳、新潮文庫

ジャック・チボーという名の友人

本を読むとはどういうことかを、これほど感性豊かに表現した作品をわたしはほかに知らない。高野文子の『黄色い本――ジャック・チボーという名の友人』という作品は、雪深い地方の女子高生が『チボー家の人々』を読みながら、本のなかの世界と日常とを行き来するようすを淡々と描いた漫画である。主人公の実地子は、学校で『チボー家の人々』を読み、帰りのバスでも読みふけり、降りるべき駅に着いても気づかず友人に肩を叩かれる。家に帰ると幼い従妹と遊んでやり、おやつを食べたあとふたたび本の続きを読む。夜になり家族が寝静まると、読書灯をつけてまた読む。

あるときジャックが部屋の戸口にあらわれ、実地子に話しかける。「何をしているの」「小説を読んでいるの。ところでジャック、わたし、あなたとは前々から友達になれると信じてたわ。だって、あなたとわたしって、とっても考え方が似ているんですもの。そう思わない」「思う

さ」（句読点は筆者による。以下同じ）。

ときには実地子のほうから小説の世界へと出かけていく。ジャックたち若き革命家が顔をそろえる「インターナショナル」（社会主義運動の国際的組織）の集会へ。そしてあるときは、スコップを抱えていなかの雪道を歩きながら、いつのまにかパリのデモ行進の人混みへ。「ジャック、雪が止みましたね。歩調はこんなでいいですか。シュプレヒコールのときは教えてくださいね」

こたつに寝転がって最後の場面を読む実地子。「一九一四年夏　了」のページが来てジャックは死んでしまう。こたつに洗濯物を入れていた母親がやってきてふとんをめくる。母親は、実地子がこたつで寝ているとしか思っていないはずだ。まさか、今このときに娘がそんなにも遠くにいて、静かな感情の波に揺さぶられているなんて想像もしていないだろう。

やがて実地子は就職が決まり、図書室に本を返すときがきた。名残惜しげにもう一度、目次に目を通し、まだ少年だったジャックの成長をふたたびなぞっていく。「スイスで再会したときは、わたしは何と声をかけて良いのやらわからなかった。だってあなたは百ページ近くも行方知らずで、やっと姿を現したと思ったら、わたしより三歳も年上になっていたんですもの」「いつもいっしょでした。たいがいは夜。読んでないときでさえ。だけどまもなくお別れしなくてはなりません」

本を読むとは、まさにこういうことだ。ページを開いて文字を追っているときはもちろん、横断歩道を渡っているときも、風呂に入っているときも、登場人物たちの姿がつねに頭のなかにある。ときには彼らがふいに姿をあらわし、わたしに話しかけてくる。わたしは物語の世界と日常とを行ったり来たりする。

そして一冊の本を読み終え、それまで心のなかに棲んでいた登場人物たちと別れるときがくると、せつなくて悲しくてやるせない気持ちになる。ずっと一緒にいた恋人と別れるときのような、あるいは心を許し合った親友と永遠に会えなくなるときのような。そんなせつなさや苦しさは言葉にするのが難しく、文字で表現することなどぜったいにできないと思っていた。それがなんと、漫画という形式で差しだされるとは……。最初に『黄色い本』を読んだときの衝撃は今でも忘れられないし、何度読んでも驚かされる。

『チボー家の人々』は、わが読書会の原点である。それから二十七年後、わたしたちはこの長編を一年半かけてふたたび読みとおした。チボー家の当主として威厳を示したがる父親、長男の役割をそつなくこなし医師として生きるアントワーヌ。そして主人公であるジャックは、「やっかいな次男」として父親から遠ざけられ、反骨精神を抱いたまま成長していく。「一度目はジャックの視点で読んだけれど、年月を経た二度目は父親の視点で読んだ」というメンバーもいたが、父に反発ばかりしていた次女のわたしとしては、感受性が強くまっすぐにしか生きられないジャック・チボーにどうしても肩入れしながら読んでしまう。厳格だった父親に反抗しながらも、父の葬儀のあと、ひとりでそっと墓を訪れたジャック。反戦ビラを撒《ま》こうと乗りこんだ飛行機が墜落し、志なかばで死んでいったジャック。「一九一四年夏」とつぶやくだけで、わたしは心のなかにジャックが棲んでいた日々をたちまち呼び戻すことができる。

『黄色い本』の実地子と同じように、わたしもジャックに何度話しかけただろう。あなたは戦争を阻止することがかなわないと知ったとき、それでも、いや、だからこそ命をかけて最後になにかをしたいと願ったのですね。アジビラを書いていたときの高揚感、わたしにはよくわかりました。一縷《いちる》の望みと圧倒的な絶望感を抱いて、あなたは飛行機に乗った。あのころ、だれもが死に場所を求めていたように、もしかしたら、あなたも自分の身の始末をなんらかの形でつけたかったのではないですか。それならば、せめて魂を込めて書いたビラと一緒に大空に散ってほしかった。あんな終わりかたはあんまりです。おそらく、あなたは口を開けなくなったその姿で、その視線で、戦争とはこれほど惨めなものなのだと伝えたかったのでしょう。その思いは苦しいくらいに伝わってきました。

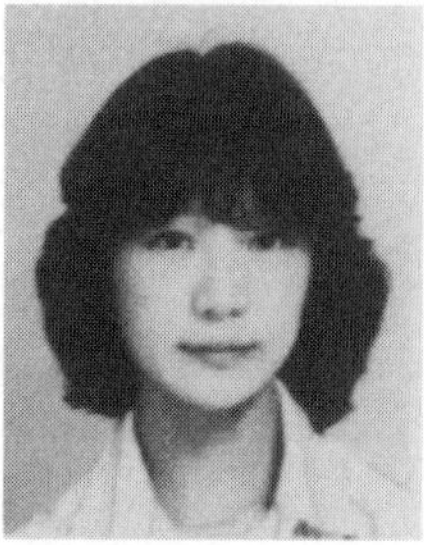

『チボー家の人々』を初めて読んだ大学生のころ．髪型が時代を感じさせる

そういえば、ジャックが死んでしまう「一九一四年夏」の章をわたしたちが読んだのは、ちょうど百年後の二〇一四年夏だった。

いつだったか、小津安二郎監督の『麦秋』(一九五一年)という映画を観ていたら、駅のホームで原節子演じる女性が、のちに結婚する男性と『チボー家の人々』を話題にして、「どこまでお読みになって?」「まだ四巻目の半分です」というような会話を交わしていた。訳者の山内義雄氏が全巻の翻訳を終えたのは一九五二年なので、その間にも人々が続きを楽しみにしながら読んでいたことがうかがえる。わたしの母も、この本のことをときおり口にしていた。その記憶がどこかに残っていたのだろう。わたしは大学生のとき、白水社の『チボー家の人々』全五巻を入手し、夢中になって読んだ。その本はパラフィン紙のかかったカバーの「黄色」が印象的だった(今は白水Uブックスという新書サイズの本で読める。全十三巻)。学生時代に読んだ本はずいぶんたくさん処分してしまったが、この本だけは、今もわたしの部屋のガラス戸付きの本棚に鎮座している。今ではだいぶ色あせたその黄色が目に入るたびに、「ああ、これを開けばいつでもジャックに会えるのだな」と思う。それほどまでに、この本はわたしにとって青春の書であり、読書会での大きな柱のひとつであり、これまで読んだ本のうち間違いなく五本指に入る作品である。

中学生のとき、わたしは死に対して強い恐怖感を抱いていた。しかし、あるとき手塚治虫の『火の鳥』を読んでいて、生と死に対する考えかたが劇的に変わった。居間のテーブルで『火の鳥　未来編』を読みながら、わたしは何億年後かの地球にいた。あらゆる生物が死に絶えた荒涼とした大地を、火の鳥から永遠の命を授けられてしまった老人がさまよい歩いている。人は死があるからこそ生きられるのだ。人生観を根本から揺さぶられていたそのとき、すぐそばで母親がネギを刻んでいたのを憶えている。母は、娘が今まさに精神の天変地異を経験しているなどとは思ってもみなかっただろう。

本を読むとはそういうことだ。

ロジェ・マルタン・デュ・ガール『チボー家の人々』全十三巻、山内義雄訳、白水Uブックス
高野文子『黄色い本――ジャック・チボーという名の友人』講談社

『ペスト』再読

二〇二〇年春以来、コロナ禍のためにわが読書会では実際に会って話し合うことができず寂

しい思いをしていた。オンラインを使ってはどうかという声もあったが、高齢者が数人いるため、「ネット環境が整っていない」「画面に自分の顔が映るのは抵抗がある」など前向きでない意見が出た。わたし自身は仕事で使ったことがあるものの、画面ごしだと発言のタイミングを計るのが難しく、言いたいことが存分に言えないもどかしさを感じた。事務的なやりとりだけならまだしも、読書会というのは相手の意見を聞き、それが刺激となって言いたいことが湧き出てくるものだ。ほかの人の話を邪魔せず、それでいて自分も遠慮しすぎず発言するには、なんとも説明しがたい微妙な間合いが重要である。そういう意味で、読書会はジャズセッションや演劇に近い営みなのかもしれない。要するにライブ感が不可欠なのだ。

たとえばメンバーが十人もいれば、やはり実際に集まって顔を見ながらでないと、掘り下げた話し合いをするのは難しい。わたしたちはつねづね無意識のうちに、相手の顔の微妙な表情や声音、息遣いなどをリアルタイムで察知しながら語り合っているということがよくわかる。読書会の目的は意見交換だけでなく、その場の空気を共有することなのではないかと感じた。

オンラインで開催しないとなると、読みたい本がどんどんたまっていってしまう。それならせめて、各自で課題本を読んだあと、メーリングリストに感想を書き合おうということになった。四月は『アドルフ』(バンジャマン・コンスタン)、五月は『ペスト』(アルベール・カミュ)を読んだ。『ペスト』はずっと前にも取りあげたことがあるが、話題となっている今、もう一度読みたいという声が上がったのだ。アルジェリアのオランという街にペストが蔓延し、街全体が封鎖される状況は、新型コロナウイルスに翻弄されているわたしたちの経験にそっくりだ。改めて読めば共感するところがあるに違いないという提案だった。この時期に読むのは気が滅入るのではないかとも思ったが、読んでみるとまったく違う印象を受けた。

ペストという陰鬱な響きとはうらはらに、この小説の読後感はむしろ、すがすがしいものだった。それにしても、以前読んだときには遠い世界の物語でしかなかった『ペスト』が、今回はまさしくこの世界の状況を映しだすものとなった。たとえば、疫病の前触れを認めたとき、早く手を打とうとする「専門家」と、なんとか矮小化したい政治家たちとの攻防。いざ都市が封鎖されるまで、事の重大さから目をそらせていた人々の戸惑い。人と会うことを怖れながらも、生を謳歌しようとする欲求。家族との別れも許されぬまま埋葬されてしまう悲惨な最期。

とはいえ、この作品はたしかにペストを扱ってはいるものの、実のところそれはペストでなくても、ほかのどんな災厄でもよかったのだ。ここでは、人々とペストとの闘いは背景へと遠ざかり、むしろ登場人物ひとりひとりが非常時にどういう態度を取り、どう変化していくか、そこに焦点が当てられる。彼らはそれぞれが、カミュ自身の気質や信念を少しずつ体現しているようだ。医師のリウーは「誠実さ」を、率先して保険隊を結成するタルーは「正義」を、新聞記者のランベールは「連帯」を、パヌルー神父は「信仰」を、下級役人のグランは「愚直さ」を、密売人コタールは「弱さ」を、喘息病みの爺さんは「諦念」を。

なかでも、カミュがだれより思い入れをもって描いているのがタルーだ。リウーももちろんカミュの一部ではあるが、記録者でもあるがゆえに、極端に走ることなく冷静であろうとする。カミュはしばしばタルーの口を借りて、みずからの意思表明をする。死刑というものをどれほど正当化してみても、それは人殺しである。しかし、自分もまたそれを看過することで人殺しに加担してきた。「われわれはみんなペストのなかにいるのだ」。ペスト患者とは、死刑を宣告する者たちであり、われわれ自身でもある。そしてそれはときに戦争であり革命でもある。

「あらゆる場合に犠牲者の側に立つ」というタルーの言葉は、そのままカミュの言葉だと考えられる。カミュは故郷アルジェリアの独立運動をめぐってジャン゠ポール・サルトルと袂《たもと》を分かった。革命のためには暴力も容認すべきだとするサルトルに対して、カミュはあくまで暴力に反対し、「私は正義を信じる。しかし、正義より前に私の母を守るだろう」と言うのだ。そのために、アルジェリア独立支持者からは裏切り者とさえ呼ばれてしまう。

判事の息子がペストに罹り、壮絶な最期を迎える場面は圧巻である。少年に血清を試み、そのかたわらで医師や神父たちが見守る。数か月以来、彼らは子どもたちが死ぬところを見てきたものの、このとき初めて、罪なき者の断末魔の苦しみをつぶさに見たのだ。パヌルー神父は自分もペストに罹りながら、「司祭が医者の診察を求めるとしたら、そこには矛盾がある」という極端な言葉を使ってでも、すべてを受け容れ死んでいくことで、神の御心をみずから実証してみせた。彼は宗教に殉じることで、ある意味、筋を通したといえる。

『ペスト』にはカミュの作家としての腕をこれでもかというほど感じさせられた。鋭い人間観察力はもちろんのこと、いたるところに見られる詩的な表現は美しく、心に沁みる。そして人間の誠意というものにあくまで信を置くカミュは、どこまでも魅力的である。

カミュは幼くして父を戦争でなくし、極貧の少年時代を送る。家庭には本など一冊もなく、母親は字も読めないし、家族の会話もない。小学校で出会った教師に才能を認められ、特別授業をしてもらったおかげで進学に道が開かれる。ノーベル賞受賞時のスピーチでこの教師への感謝を述べたのは感動的である。「受賞の知らせを聞いて私は母のこと、それから、ジェルマン先生のことを思いました。いまでも私は先生に感謝する小さな生徒です」。まだまだ書けたはずの才能あふれるカミュが若くして亡くなったのは残念でならない。彼は生前、「交通事故で命を落とすほどばかばかしいことはない」と言っていたらしい。大破した車のそばに愛用の鞄が落ちていて、そのなかに入っていたのが、未完の自伝となった『最初の人間』の原稿である。

＝カミュ『ペスト』宮崎嶺雄訳、新潮文庫

『ノートル＝ダム・ド・パリ』に恋をして

何年か前、わたしが勤務する高校の芸術鑑賞会で、生徒たちは劇団四季の『ノートルダムの鐘』を観た。その直後、ひとりの生徒がヴィクトル・ユゴーの原作『ノートル＝ダム・ド・パリ』を借りにきた。上下巻あってかなりの長編だ。通常の貸し出し期間は一週間なので、彼女は何度かカウンターへ更新の手続きに来たが、栞のはさんであるページはほとんど進んでいない。そして何度目かのとき、ついに「もういいです」と読了しないまま返却してきた。

ちょうどそのころ、わたしも読書会で『ノートル＝ダム・ド・パリ』を読んでいるところだったので、彼女がどこで挫折したかは想像がついた。以前、読書会で『レ・ミゼラブル』を読んだこともあり、この作者の本には「挫折ポイント」があることを知っていたからだ。しかし、そこを乗りこえると、あとはめまぐるしく展開する。案の定、この本も同じだった。縦糸と横糸が巧みに張られ、重層的な構造になっていて、読者に次々とページをめくらせる。通俗的と言われればそのとおりかもしれないが、読む者をこれほど夢中にさせる筆力はさすがである。物語の冒頭、祭りの場面で多くの登場人物が入り乱れ、この作品が群像劇であることを予感させる。たしかに、国王から物乞いまで登場し、だれもが生き生きと、よくも悪くも活躍する。『レ・ミゼラブル』でもそうだったが、作者は群衆をひとりひとりの人間として描き、為政者から見れば有象無象の彼らにも名前があり人生があることをわからせるのだ。

醜い姿で生まれたため捨てられた赤ん坊を、ノートルダム大聖堂の司教補佐フロロが拾って育てる。カジモドと名づけられたその子は、醜さゆえに大聖堂の外には出してもらえず、鐘撞きの仕事を与えられる。大聖堂を宇宙のように、鐘を自分の兄弟のようにして育ったカジモドが、いとおしそうに鐘を撞く描写はすばらしくて胸に沁みる。物語のなかでわたしがいちばん好きな場面だ。

途中、ヨーロッパの建築の歴史が長々と語られ、高校生はここで挫折するのである。読書会でも、ここはつらかったという意見もあれば、とてもおもしろく読めたという感想もあった。たしかに、印刷術が広まる以前、建築が書物の役割を果たしていた過程を知ると、建築を見る目も変わってくる。ユゴーは小説のなかで蘊蓄《うんちく》を語ることが多い。叙情的な描写が得意な詩人であるとともに、実は社会派作家でもあったのだ。ユゴーがこの作品を書いた目的のひとつは、フランス革命によって荒廃していたノートルダム大聖堂を蘇らせることだったという。その思いが政府を動かし、一八四五年から二十年をかけて大聖堂は修復された。

さて、カジモドは美しい踊り子エスメラルダに恋をし、かなわぬ想いに苦しむ。しかし、それに輪をかけて苦しんでいたのは、こちらもエスメラルダにひと目惚れしてしまったフロロだ。聖職者という立場で女性に欲望を抱くことなど許されないとわかっていながら、彼女を強引にわがものにしようとする。いっぽうエスメラルダのほうは美青年フィーバスに夢中になるが、彼には婚約者がいる。だれもが片思いでどの恋も成就しない。やがて、それぞれの激しい思いは破滅へと突き進んでいく。「カジモドは自分自身の醜さに苦しんできたのに、恋の相手となると、やはり美しい人を選ぶのか。それは不条理では」という感想があり、「いや、広場でさらし者にされたとき、ただひとり手を差し伸べてくれたエスメラルダのやさしさに、生まれて初めて人間の温情を知ったからこそ慕ったのだ」という意見もあった。

物語のスケールの大きさ、そして登場人物たちの心情を描く筆致の細やかさ。わたしはこの小説にすっかり魅せられてしまった。エスメラルダが実は幼くしてロマに誘拐された娘であること、その娘との再会だけを祈って隠遁生活をする母がいることも語られる。「この母娘の関係は埋もれがちだが、横糸のひとつとしてじんわり効いている」という感想も。

その後、エスメラルダはフィーバス殺害未遂の罪を着せられて絞首刑になる。恋に破れたカジモドはエスメラルダの埋葬場所を訪れ、その遺骸を抱きしめながら死んでいく。やがてふたりの骨はひとつになって、引き離そうとすると粉々に砕け散ってしまった。『レ・ミゼラブル』も墓の場面で終わるが、このあたりは実にロマンチックで、詩人ユゴーならではである。

本を読み終えたあとも物語の余韻にいつまでも浸っていたくて、古い白黒映画『ノートルダムのせむし男』とディズニー映画『ノートルダムの鐘』も観てみた。どちらも楽しめたものの、勧善懲悪のハッピーエンドに作りかえられており、原作とはまったく別物だった。その後、NHKの『100分de名著』という番組でこの本を取りあげていたので、「なるほど、そういう捉えかたもあるのか」と興味深く見た。たとえば、「マドンナ」への無償の愛という点でカジモドは「フーテンの寅さん」のようだし、手の届かないアイドルに恋をしながら、醜い自分が傷つかないよう一歩ひいたところから愛を叫ぶという点では、「オタク」と言ってよいかもしれない。そして、番組のテキストも買って復習した。鹿島茂氏によれば、ユゴーの小説は「神話や叙事詩に似た「開かれた構造」を持っている」ため、「何度でも新しく命を吹き込むことができる」のだという。

そのうち、わたしはどうしてもノートルダム大聖堂を実際に見てみたくなり、パリを訪れた。

セーヌ川の対岸からシテ島の大聖堂を眺め、聖堂のなかで美しいステンドグラスを見あげ、塔に上ってパリの町を一望した。あの広場でエスメラルダが踊りを披露し、あの裏通りを司教補佐フロロが懊悩に苦しみつつ歩いたのかもしれない、と想像しながら……。ついでに、ヴィクトル・ユゴー記念館にも足を運び、窓から、ユゴーも見たであろうヴォージュ広場を眺め、文豪の机もしかと目に焼きつけてきた。

ヴォージュ広場の一角にある記念館.
かつてユゴーはここで暮らしていた

さらに総仕上げとして、生徒たちも鑑賞した劇団四季のミュージカルを観にいった。カジモドの出自が変えられるなど、わかりやすく脚色されてはいたものの、かなり原作に忠実だったし、最後もハッピーエンドではなく、きちんと悲劇が悲劇として描かれていた。なにより演出のしかたに感激した。カジモドがターザンのようにエスメラルダを救出し、「サンクチュアリ！」と叫ぶいちばんの見どころや、塔から養父フロロを突き落とす場面など、狭い舞台でどうやって再現するのかと思ったが、実に見事な演出で予想以上に堪能できた。

読書会で原作を語り合い、映画を観て、解説本を読み、パリでノートルダム大聖堂とユゴー記念館を訪れ、ミュージカルも楽しんだ。これ以上なにかありますか、というくらい『ノートル＝ダム・ド・パリ』に関しては、見るべきものはすべて見た。こうしてわたしは満漢全席《フルコース》を味わいつくしたのである。

ノートルダム大聖堂は何度でも蘇る。

ユゴー『ノートル＝ダム・ド・パリ』上・下、辻昶・松下和則訳、岩波文庫
鹿島茂『100分de名著　大聖堂物語』NHK出版、二〇一九年

Tさんのこと

毎朝、新聞を開くとまず訃報欄に目が行く。四十八歳で亡くなった人のすぐ横には、享年九十四の人。生きた年数が倍ほども違うとは、なんという不条理かと思う。次に肩書きを見る。作家、政治家、舞台俳優、実業家……この人たちはどんな人生を生きたのだろう。たった数行の経歴にその人物の一生が封じこめられているようで、想像が尽きない。

少し前のこと、その訃報欄に知った名前を見つけた。読書会に長く参加していたTさんだ。名前、年齢からしても本人に間違いない。しかし、なぜTさんが新聞の訃報欄に載っているの

だろうと考える暇もなく、「元社長」という文字が目に入ってきた。えっ？と驚き、しばし呆然としたあと、ウィキペディアを開いてほんとうにあのTさんなのか、確認せずにはいられなかった。

Tさんは八十代の男性で、読書会には十年以上参加していらした。背が高くダンディーで人柄は温厚。会にはいつも早めに来てテーブルと椅子を並べておいてくれたり、旅行のおみやげに上品なお菓子を持ってきてくれたりすることもあった。飄々《ひょうひょう》とした感じで、自分からはあまり発言をしないけれど、水を向けられるとひとことふたことと本の感想を口にする。以前はふたりだった男性メンバーがTさんひとりになってからは、冗談半分に「男性代表」としての意見を求められることもあり、そんなときは困ったような表情を浮かべていらしたのが印象に残っている。小説よりはノンフィクションがお好みで、『文明崩壊』(ジャレド・ダイアモンド)や『悲しき熱帯』(クロード・レヴィ＝ストロース)を取りあげたときには、生き生きと発言なさっていた。『失われた時を求めて』や『レ・ミゼラブル』といった大河小説も一緒に読んできたので、わたしにとってはマラソンを何度もともに走り抜いた仲間のような存在だった。読書会で取りあげた小説のなかでは、『魔の山』(トーマス・マン)がいちばんのお気に入りだった。

しばらく前からは、読書会の開かれるコミュニティセンターまで歩くのがつらいから、と参加されなくなっていた。それでも、ときおりTさんからわが家に葉書が届いた。最後にいただいた葉書には、味のある独特な字で「おいしいコーヒー屋を知っているので、今度ごちそうします」と書いてあった。

現役時代、Tさんがテレビ局に勤めていたことはわたしたちも知っていた。読書会で雑談になったとき、仕事のことを訊かれて、ある民放キー局の名前を挙げられたのだ。だれかが興味を抱いて、具体的にどんなお仕事だったのか、報道か、番組制作かと尋ねた。すると、「いや、自分は経理の事務的な仕事で……」と言葉を濁し、詳しくは話してくださらなかったので、わたしたちもそれ以上、仕事について話題にすることはなかった。ただ、学生時代のことはときおり語ってくださり、「図書館でアルバイトをしていた」という話にわたしが関心を示すと、「大学の図書館でアルバイトをすると学費と相殺してもらえたのです。好きなだけ本を読めて、いい仕事でしたよ」と笑顔で話していらしたのを憶えている。

いつもは口数の少ないTさんも、作品の歴史的な背景が話題になると、見事な解説を加えて、博識ぶりを発揮なさった。古い外国映画や俳優のことを驚くほどよく知っていて、だれかが映画のタイトルを口にすると、女優の名前が次々と出てくる。時事的な事柄にも明るく、本質を突く言葉をさらりと口にすることもあった。ギィ・ド・モーパッサンの『ベラミ』を読んだとき、主人公である美貌の青年が宝石店の前で足を止め、高価なクロノメーターを眺める、という場面があった。「クロノメーター」という聞き慣れない言葉に、わたしたちは「宝石店で男性が買うものってなんだろう」「この言葉は訳注があってもよかったのでは」などと話し合っていた。そのときTさんが、「ああ、それは時計ですよ」とひとことで解決してくれた。

食通だったTさんはおいしい店にも詳しくて、「あそこは最近、味が落ちましたね」などと厳しい評価をしていらしたことも。『オペラ座の怪人』(ガストン・ルルー)を課題本に取りあげたとき、同名のミュージカルが話題になり、「僕も観たことがあります」とおっしゃったので、てっきり劇団四季版だと思っていたら、意外にも「ブロードウェイで観ました」とのお答えだった。「連れていかれたので、僕はついていっただけですよ」

そうした言葉のはしばしから、この人はいったい何者だろう、と感じなかったわけではない。もっと早くネットでTさんの名前を検索していればよかったのだ。そう思ったとたん、わたしははっとした。もし検索してその経歴がわかったなら、わたしたちは、いやわたしはTさんへの接しかたを変えていたのだろうか。そんなはずはない。しかしそれならば、訃報欄に「元社長」という字を目にして、こんなにも衝撃を受けたのはなぜなのだろう。

相手の経歴がわかることで、その人に対する関心の種類が変わる可能性はある。社長という立場にいた人ならば、それなりの苦労があっただろう。たとえ短くても一定期間、重責を担いながら組織を統率してきたのだ。しかも、ウィキペディアの情報によれば、Tさんはある問題のために引責辞任に追いやられたという。おそらく、その過程にはわたしたちに想像もできない葛藤がたくさんあっただろう。いったいどんな事情があったのか気になって、わたしは職場の新聞記事データベースで当時の記事をこっそり検索してみた。すると、マスコミから厳しく追及され、社内からも批判を受けて少しずつ追い詰められていくようすが、ごく断片的にだが伝わってきた。出世や権力とは無縁そうだった穏やかな横顔を思い出すと、わたしはまるで自分が責められたように胸が痛み、せつなくてたまらなくなった。同時に、Tさんが自分からは語ろうとしなかった過去を覗き見てしまったような罪悪感にも襲われ、急いで画面を閉じた。

読書会のあと，近くの井の頭公園へみなで桜を見にいったこともある

大きな山をいくつも乗りこえてきた仕事人として、

そして人生の先輩として、もっと話を聞いておきたかったと今になって思う。自分の両親からはそんな話を聞けなかったからこそ、両親と同世代だったTさんと、もっと親しく話してみたかったという気持ちは募るばかりだ。

読書会は本のことを語り合うのが目的である。わたしたちをつなぐ唯一の接点は本だ。だから、メンバーは互いの経歴や家庭の事情などはほとんど知らないし、詮索することもない。三十年以上も一緒に本を読んできた仲間ではあるが、話し合いの時間が終わればさっと別れてひとりひとりの生活に戻っていく。そうして翌月また同じ本を読んできて同じ場所に集まり、本について語り合う。訃報欄を「熟読」するわたし以外、メンバーはだれもTさんが亡くなったことを知らなかったし、わたしたちはTさんに関して、訃報欄のたった数行ぶんの経歴すら知らなかった。しかしそれは本人の希望でもあっただろう。文学を語り合うのに肩書きは必要ない。

読書会はTさんにとってどんな存在だったのだろう。ともに語らい、ときに雑談に興じる時間を楽しんでくださっただろうか。コーヒーをごちそうしてもらう機会はもはや永遠に訪れない。わたしは、宙ぶらりんのまますぶっている思いをどう処理すればいいのかわからなかった。せめてわたしたちが知っていたTさんの痕跡をどこかに確かめたくて、パソコンに名前を打ちこみ、もう一度ウィキペディアを開いてみる。決して長くはないその人物紹介の最後に、「趣味は読書」と書いてあった。

V　文学に生かされて　II

情けない男たちの物語

どこまでも続く広い空、見渡すかぎりの青い海。そんな景色を見ていると、自分の悩みなどちっぽけなものに思えてくる、などという言葉をよく耳にするが、わたしは一度たりともそんなふうに感じたことがない。

テレビで宇宙の話題が報じられると、思わず目をそむけてしまう。何億光年などという茫漠たる時空間を想像しただけでたちまち強烈なむなしさに襲われ、意識が遠のきそうになるからだ。しかし、どんなに空が広かろうと、今このときのわたしの悩みは宇宙全体よりも断然大きい。あたりまえである。そうでなければ文学など生まれるはずがない。文学には人間の普遍的な苦悩が繰り返し描かれてきた。なかでも、尽きることのないのが恋愛の悩みであり、とりわけ難しいのが別れの作法である。

『林檎の樹』（ジョン・ゴールズワージー）の主人公の青年アシャーストは、友人と旅行中にけがをして、いなかの農家で世話になるうち、その家の美しい娘ミーガンとたちまち恋に落ちる。やがてふたりで駆け落ちを計画し、アシャーストはその準備のために街に出かけるのだが、そこで知り合いの一家と出会い、その家の娘と親しく接するうち強く惹かれていく。そして、いなかで待つミーガンのもとには戻らないまま、自分の身分にふさわしい結婚をしてしまうのだ。単純といえば単純なストーリーである。

読書会では、アシャーストの身勝手さにみなが憤慨し、言いたい放題、けなし放題。やさしく純朴ないなか娘に恋をするのは青年としてよくあることだし、その後、冷静になってほかの女性と結婚したこともまあ許すとしよう。しかし、いなか娘にきちんと別れを告げることさえ避け、無言で去るのはあまりにひどい。男としても人間としても最低である。

「時代のせいもあるが、あくまで男目線の小説だ」という意見はごもっとも。それでも、「恋がもし幻影なのだとしたら、その幻影を美しい絵画のように永遠なものにして差しだしてくれている」という感想もあった。たしかに、この作品は恋愛描写も風景描写も抜群に美しい。

それにしてもせつないのは、純朴ないなか娘のミーガンだ。「そばにいられるだけでいい」とアシャーストを慕い、馬車に乗ったアシャーストの姿を街で見つけると、いつまでも馬車を追いかけ続けた。その一途な気持ちを思うとたまらない。これだけミーガンを傷つけ、結果的には死に追いやったにもかかわらず、アシャーストは何十年後かにその事実を知ると、青春のほろ苦い思い出としてかりそめの恋に思いを馳せ、美しい悔恨の情に酔いしれる。そう、アシャーストは間違いなく情けない男だ。とはいえ、ミーガンへの恋心に嘘はなく、だからこそ別れを告げられずに、ふたりの女性のあいだでわが身を引き裂かれるような苦悩を味わった。その優柔不断さは人間的といえば人間的であり、もしわたしが男だったら同じことをしてしまったかもしれない、という思いも捨てきれないのである。

自分にとって同じくらい大切なふたつのものからどちらかを選ばなければならないとき、あきらめて手放すべき片方に対してどう始末をつけるか。そこに、その人間の本質がいやおうなくあらわれる。もし不誠実な始末のつけかたしかできなかったのなら、せめてそれを十字架として一生背負いつづけなければならない。アシャーストの場合、苦しみかたが足りなかったことに、読者であるわたしたちは苛立ったのではないだろうか。

ラストの場面に出てくる「あのとき高潔な人間として生きる道を選んだアシャースト」という文の「高潔」(原文はvirtue)という日本語はこれでいいのかという指摘があり、どんな訳語ならふさわしいか話し合った。ひとりの女性を捨てる選択をしたことがなぜ「高潔」といえるのか納得がいかなかったのだ。「自分(の階級)にふさわしい真摯な選択をした」という意味ではないかという意見や、「愛人を持つことなくひとりの女性と添い遂げた」ということだろうという意見もあったが、いずれにせよ、それをひとつの単語に落としこむのは難しく、結局うまい訳語が思い浮かばなかった。

そしてもうひとつ、『アドルフ』(コンスタン)という作品も、『林檎の樹』に負けず劣らず主人公の男が情けない。『クレーヴの奥方』(ラファイエット夫人)を読んだときは、相思相愛なのになぜこのヒロインは相手を受け容れないのか、もどかしくてたまらなかったが、『アドルフ』では逆に、このふたりはなぜ早く別れないのかと腹が立ってしかたがなかった。アドルフとしてはいっときの想いに駆られて年上の女性に恋心を打ち明けたものの、すぐに熱は冷めてしまい、それでいて別れを切りだせないままずるずると関係を長引かせる。そうしているうち、相手の女性はアドルフへの依存度をどんどん上げていき、自分がもはや愛されていないと知ったあとでも、すべてを捨ててアドルフに追いすがるのだ。

当時、女性は男性に依存するしか生きる道がなかった。この作品も出版されたのが一八一六年だからかなり古い。しかし、心理描写の緻密さという点では驚くべきものがあり、読書会でもそのことがいちばんの話題になった。『クレーヴの奥方』とともに心理小説の草分けと言われるだけあって、とくに主人公の心の揺れ動きが細かに描きだされているところは見事である。三島由紀夫が「コンスタンの『アドルフ』こそは、再読三読に堪える小説である」と言っているのも頷ける。

それにしても、別れるというのはかくも面倒で難しいことなのだと身につまされる。結婚よりも離婚のほうがはるかに難しいと言われるゆえんである。もはや愛情がないと互いにわかっていても、どうしても別れることができない。男は保身や相手への哀れみから、女はすべてを失う恐怖から。「ずるずると長引く恋愛関係には、それほど根深いなにかがある！　そうした関係は、気づかぬうちに、われわれの生活の深部になってしまう。そうなるずっと前から、われわれは静かに、別れる覚悟をしはじめている。われわれはそれが現実になる日を今か今かと待っているつもりなのだが、いざその時が来ると、恐怖でいっぱいになる」というのだ。こうなるともはや共依存である。

こんなときは外部から物理的にでも引き離すほかないのだが、その役割を担うべきアドルフの父親は今ひとつ悪者になれず、自分で言えないことを知人の男爵から伝えてもらおうとする。しかし、「たとえ息子に嫌われてもいいから、本心で叱るべきだったのではないか、それをしない父に息子は反発したのではないか」という意見があった。とはいえ、父親の内気はアドルフ自身も受けついでいるため、「この内気が優柔不断につながり、女性を苦しめたことへの自己弁護にもなっている」という意見はそのとおりだろう。主人公と同じように、作者のコンスタン自身も内気に苦しみ、自意識過剰に悩んでいたという。

ともあれ、頼まれたことを断わるときや、別れを切りだすときなど、相手にネガティブなことを宣告しなければならないのはわたしも非常に苦手で、それを先延ばしして逃避することでしばらくは平穏を得られるのだが、結局は相手を傷つけたり、自分の人生を狂わせたり、仕事相手に迷惑をかけたりしてしまう。断わることが誠意とわかっていてもそれができないアドルフの気持ちがわたしにはよくわかる。だからこそ、普遍性をもったこの小説が長く読まれているのかもしれない。

その後、女性が傷心によって衰弱死したため、アドルフは結果的に自由を手に入れるのだが、「あれほどの痛みと涙とを引き換えに手に入れた自由をちっとも謳歌できなかった」のであり、依然として苦悩しつづける。「結局、苦しみの原因は相手ではなく自分のなかにあったということではないか」という感想には全員が頷いた。

どちらの作品も、主人公のあまりの優柔不断ぶりに読者は苛立つ。それでいて、「もしかしたら、わたしも同じことをしたかもしれない」と思わずにはいられない。いやはや、うまく別れるというのはまことに難しい。

以前、読書会で取りあげた『シェリ』(コレット)のように、年上の女性が苦しい胸の内をさらすことなく、プライドを保ちつつ若い恋人を「釈放」してやる、という高度なわざを使うには、そうとう恋愛にたけていないと無理なのだ。

——ゴールズワージー『林檎の木』法村里絵訳、新潮文庫
コンスタン『アドルフ』中村佳子訳、光文社古典新訳文庫

身を退くことの快感

大学生のとき、わたしは好きな相手からデートに誘われると、嬉しい反面、会うのが怖かった。会えばいっときは幸せだろうが、ふたりの関係にはいやおうなく少しずつ傷がついていくからだ。わずかなすれ違いから互いの欠点が見えてきて、遠からずほころびが生じ、やがて関係は壊れてしまうに違いない。会えば会うほど終わりに近づく。それがたまらなく怖かった。だったらいっそ会わないほうがいい。むしろ会わないでいる時間のほうが「ほんもの」のように思えた。だから会わないようにしていた。すると、両思いだった関係はいつのまにか自然消滅してしまった。あたりまえである。『狭き門』(アンドレ・ジッド)を読んだとき、清らかな恋愛が「汚れる」のを怖れ、深く愛し合っている相手をわざと遠ざけたアリサの気持ちが、わたしには痛いほどよくわかった。

そして、『クレーヴの奥方』の主人公クレーヴ夫人もまた、みずから身を退いた女性のひと

りである。

人は誕生した瞬間から死が始まる。果物は実ったときから腐敗が始まる。恋愛は始まった瞬間から傷つきはじめる。逆説的だが、死ぬのがいやなら生きるのをやめるしかない。恋愛が摩耗するのを避けたければ、恋が成就しないようにするしかない。そんなこと、ばかげているとだれもが思うだろう。しかし、クレーヴ夫人はそれを貫き通した。

「奥方」などというと三十代くらいの成熟した女性を想像してしまうが、美しきクレーヴ夫人はなんと十六歳。今なら女子高生だ。ほんとうの恋を経験しないまま、クレーヴ公から熱烈に想われて結婚したものの、夫を心から愛することができず、あるとき宮廷で運命の人ヌムール公と出会ってしまう。

ヌムール公はどんな女性からも愛されるハンサムでやさしい男性である。それまで恋愛経験も豊富だったが、人妻であるクレーヴ夫人に出会ったとたん、ほかの女性には目もくれなくなる。夫人のほうもヌムール公に魅かれていくが、それをおもてにあらわさないよう意志の力で抑えこむ。母親から「貞淑でありなさい」と言われつづけてきたからだ。

「この人たちは恋愛のほかにすることがないのか。まるで女性誌に出てくるようなうわさ話や恋愛話ばかりしている」という感想があったのも無理はない。宮廷は、男女が出会う場でもあったし、不倫も珍しくはなかったはずだ。そんななかにあって、貞節を貫こうとするクレーヴ夫人。「恋愛を拒絶すればするほど、逆説的にその恋愛感情の強さがあぶりだされてしまう」という意見はそのとおり。

夫は崇め奉らんばかりに彼女を愛しているものの、妻から愛情を返してもらうことができずに苦しむ。しかも妻からはほかの男性への恋心を打ちあけられてしまう始末だ。けれども、妻がヌムール公への恋心をあえて夫に告白したのは、実のところ、その恋を決定的に封じこめるためだった。「夫にとってこれほど残酷な苦しみがあるだろうか」という感想があった。誠実でやさしいこの夫にとっては、実に悲劇的だ。

やがて疑心暗鬼に陥った夫は、妻がヌムール公と通じていると誤解し、重い病にかかって亡くなる。こうなればふたりにもはや障害はない。しかし、全力で説得にあたるヌムール公に対して、クレーヴ夫人はなおも拒絶し、自分の意志を曲げようとしない。

「いつの日か、あなたは、もう今のようには私を愛さなくなるでしょう。お恥ずかしながら、きっとそうなると確信しただけで、なんだかひどく恐ろしいことのように思われ、義務を貫かねばならぬ理由がなくなったとしても、そんな不幸に向かって踏み出す勇気はもてそうにありません」

「読みながら、もどかしくてたまらなかった」という感想が多く聞かれた。ふたりは相思相愛なのに、しかも夫が死んで障害がなくなったあとも、夫人がここまで拒みつづけたのは、大への貞節を超えた強い意志があったからではないか。クレーヴ夫人はついにヌムール公に最後の別れを告げ、宮廷に出向くこともやめて、みずからの決意を補強するかのように修道院に入ってしまう。

物語は、夫人の強い覚悟があらわれたこんな文章で終わる。「一年の半分を修道院で、残り半分を自宅で過ごすようになったものの、自邸にいるときでも、ほとんど外出せず、信仰に身を捧げ、厳格な修道院での生活とまったく同じように暮らしていた。彼女の生涯は決して長いものではなかったが、稀に見る貞女の鑑《かがみ》と伝えられたのである」

この「貞女の鑑」をどう解釈するかということも話題になった。夫人自身は貞女であろうとしたというよりも、むしろ恋を完全なままにとどめようという意志を貫いたのだろうが、それを人々は「貞女の鑑」と言い伝えたということではないか、という意見も。その後のいきさつは詳しく描かれることもなく、読者の想像に任される。

著者のラファイエット夫人(マリ＝マドレーヌ・ピオシュ・ド・ラ・ヴェルニュ)は一六三四年に生まれ、本書が刊行されたのは一六七八年。日本でいえば江戸時代である。『クレーヴの奥方』

はフランスにおける心理小説の草分け的作品と言われている。それまでは登場人物の動きで成立していた小説に、内面描写があらわれたのだ。それによって、目に見える行動とは裏腹な登場人物たちの胸の内を、読者は知ることができるようになった。とはいえ、「この作品は前時代的だ」という意見もあった。たとえば、ヌムール公が夫人の告白を盗み聞きする場面や、一通の手紙から誤解や行き違いが生じてしまう場面など、「あまりに芝居じみていて、まるでオペラを観ているようだ」という言葉には、メンバー全員が頷いた。

結婚前は「シャルトル嬢」で、結婚後は「クレーヴ夫人」と呼ばれ、作中でも名前を与えられなかった主人公(そういえば、この作品の著者名も「ラファイエット夫人」だ)。女性が、名前を持ったひとりの人間として扱われなかった時代、十六歳の彼女の凜とした意志の強さが、悲しくもすがすがしい物語である。

ただ、わたしにはこの悲恋という見かけの裏で、彼女が「相思相愛の恋をあえて実らせない満足感」あるいは「身を退くことの快感」に酔っていたのではないかと思えてならない。身を退くという自己犠牲的な行為は、同時に快感を伴うものでもあるからだ。

＝ラファイエット夫人『クレーヴの奥方』永田千奈訳、光文社古典新訳文庫

モーム沼にハマる

モーム沼にハマると抜けだせなくなる。読みはじめたらやめられないし、一作読むと次の作品も読みたくなる。それほどまでにこの作者は巧妙なのである。読む者を誘《いざな》うその手にからめとられてしまったら、いっそのこともうモーム沼にどっぷりつかってしまいたくなる。

◇『人間の絆』

『人間の絆』はサマセット・モームの自伝とも言われる小説だ。主人公は、小さいころから脚が悪かったため劣等感を抱いている少年フィリップ。母親と死に別れ、牧師である伯父のもとで育つ。やがて故郷を飛びだした彼は、ミルドレッドという女性に溺れていく。そして、自分に絵の才能があると思いこみ、絵の学校に通うものの、ほどなく才能のなさを思い知らされ、今度は医者になろうと決意する。いったいこの青年はどうなっていくのか、いつミルドレッドと別れるのか。はらはらしつつ先が気になって読まずにいられない。

読書会では、「友人のクロンショーからもらった絨毯にはどんな意味があるのか」ということが話題になった。これは、この小説に通底するテーマでもある。つまり、絨毯の絵模様にいちいち意味を見いださなくても、そこにあらわれた芸術をただ味わえばいいのだ、ということ。

「人生は意味がないからこそ自由であり、自分の責任で生きていけばいい、というきわめて実存主義的なテーマではないか」という感想があった。

それにしても、このミルドレッドという女性は浅はかで薄情でわがままで無知で、よいところがどこにもない。フィリップ自身もそれをよくよくわかっていながら、なぜこうも執着してしまうのか。もちろん、これについても意見百出。理性ではどうにもならないのが恋である。こちらを振り向かないからこそ追いかけたくなる。男は魔性の女に魅かれるものだ、などなど。その後、彼はついにミルドレッドの呪縛から逃れ、現実的で安定した人生へ踏みだす決心をする。フィリップが最後に選んだのは、平凡でありながら絨毯のもっとも美しい絵模様、つまり「人が生まれ成長し、子どもが生まれパンのために働いて死ぬ」という生きかただったのだ。

モームはこの小説を、読者のためというよりは自分のために書いたという。彼に関わったすべての人間を登場させ、さまざまな経験をていねいに描きこむことで、「かつての亡霊はことごとく退散」し、「固定観念から解放された」というのだ。みずからの経験を物語という形に昇華させることができる作家はなんと幸福なことかとしみじみ羨ましく感じた。

そういえば、哲学者のルートヴィヒ・ウィトゲンシュタインはその主著『哲学探究』を自分の治療のために書いたと言っている。彼らにとっては文学や哲学がセルフカウンセリングの手段だったのだろう。

旅行好きだったモームは日本を訪れたこともあったとか。健康でなかったわりには長命だったようだ。

◇『月と六ペンス』

タイトルはだれでも知っているだけに、なんだか文学初心者向きの小説のようで、かえって敬遠されがちかもしれないが、実際に読んでみると、とんでもなくおもしろい作品である。「通俗小説」などと言われていたようだが、ひとりの骨太な天才の生きざまをありありと描きだしているのだから、通俗上等である。

主人公のストリックランドはあるとき取り憑かれたように絵を描きはじめ、仕事も家族も捨てて、芸術の都パリに渡る。しかし、そこでも求めていたものは得られず、放浪の末、西欧文明と無縁のタヒチに安住の地を見いだし、ひたすら絵を描きつづけ、最後はハンセン病にかかり、盲目になってもなお小屋の壁面いっぱいの絵を描ききって死ぬ。絵を見たのは医師と妻のアタだけ。アタはストリックランドの遺言に従って小屋に火を放つ。「だれにも見られず、称賛されることも、人の精神を鼓舞することもない芸術に、はたして意味はあるのか」ということが話題になった。

『人間の絆』との類似点もいくつかあった。ちょっと変わった人物に周囲が翻弄され、それでも見放すことができず世話を焼きつづけるとか、芸術の才能に恵まれた者と、見る目だけはあるのに才能に恵まれない者との残酷な関係(モーツァルトとサリエリのよう)とか。『人間の絆』が、宗教や生きがいといった価値観の「軛《くびき》からの解放」をテーマにしていたとすれば、『月と六ペンス』はそれをさらに過激にして、文明的な価値観そのものからの解放を、ストリックランドという人物に象徴させて描いたのではないか。

金銭や名誉や社交からの解放だけなら、それほど衝撃はなかったのだが、ストリックランドのように、「人を苦しませることへの怖れからさえも解放されるという人物描写には驚いた」という感想があった。ふつうの感情を持った人間なら、他者を苦しませることには多少なりとも葛藤があるはずだ。しかし考えてみれば、善悪の判断などというものもしょせんは人間が社会生活のなかで決めたものにすぎないわけで、それを逸脱すれば周囲から嫌われるため本人が生きにくくなるだけのことなので、もしそれすらみじんも気にしないのであれば、その人物を抑圧できるものはもはやなにもない。だれになんと思われようといっさい気にせず、自分の健康や生き死にさえどうでもいい、という究極の世捨て人的な感覚は、ここまで徹底すればいっそのことすがすがしい。命がけで描いた壁画さえ、燃やしてしまえと命じるあたり、彼がほんとうにしたかったのは文字どおり絵を描くことだけだったのだとわかる。

彼には、文明のあらゆる価値を否定した人物だからこそ身にまとえるオーラのようなものがあり、だからこそ彼に魅かれる人たちが必ずいて、語り手の「私」もまたひそかに魅了されている。「語り手は、そんな価値観に縛られている自分のなかの俗物性を彼に悟られまいとしていたのではないか」という感想もあった。

ストリックランドの非人間的な人生の中で、タヒチという土地とアタという愛情深く肝の据わった女性が、彼を人間性のほうに引き止めていたことは、ある種の救いにも思えた。

◇『英国諜報員アシェンデン』

モームの小説はたしかにおもしろいが、「いかにも読者を喜ばせようという魂胆が見えてあざとい」という意見もあった。それに応えるかのように、『英国諜報員アシェンデン』の前書きで、モームはみずからの小説手法が確信犯的であることを明かしてみせる。小説は事実に似ていなければならない、と言う作家たちの書くものは陳腐であると斬って捨て、ほんの少しの事実から読者が楽しめる小説を生みだすことこそ作家の腕なのだ、と決意表明のように言っている。たしかに、この小説がエンタテインメント性の強い作品であることは間違いない。

第一次世界大戦中、モームは諜報員として働いていた。その経験を生かして書いたのがこの作品である。おもしろい。読みはじめるとやめられない。いつもながらストーリーテラーのモームである。とはいえ、これはいわゆるスパイ小説ではない。スパイが活躍した事件や、スパイ自身の暗躍が描かれているわけではないのだ。モームが描きたかったのは、諜報員の前にあらわれる「人物たち」である。諜報員アシェンデンが派遣された先に、さまざまな人物があらわれる。それは、祖国を裏切ったスパイだったり、一見きまじめでとっつきにくい英国大使だったり、冷酷な殺し屋なのに、どこかしらかわいげがあり憎めないメキシコ人だったり、朗読癖とお喋りでアシェンデンを辟易させながらも、純粋な正義感を持つアメリカ人だったりする。とにかく、ひとりひとりの登場人物がたまらなく魅力的である。アシェンデンは彼らを皮肉たっぷりに描きだす。けれども、そこには辛辣ながら人間への愛があり、イギリス小説らしいユーモアもある。ハードボイルドタッチのセリフもあちこちに顔を出す。「メキシコでは男と酒の間にはいることは侮辱にあたるらしい。それを知らなかったオランダ人が彼とカウンターの間を横切ろうとしたことがあって、彼はとっさにリヴォルバーを抜いて撃ち殺したという話だ」「それで平気だったんですか」「ああ、名家の出だったらしい。その件はもみ消されて、新聞ではオランダ人の自殺と書かれた。まあ、自殺行為といえなくもない。相手は人間の命などなんとも思っていない男だからな」

行儀がよく一見非の打ち所がない英国大使が、アシェンデンを前にして、その昔、曲芸師の女性に恋い焦がれて骨抜きにされた話を延々と聞かせる。「アシェンデンに対し、取り繕っていた仮面をはがしてみせる英国大使が愚かで悲しい」という意見があった。教養がなく美しくもない女曲芸師に翻弄されるあたり、『人間の絆』を思い出させる。実のところ、大使がその女に惨めなほど溺れたのは、彼女が自分に見向きもしなかったからなのだ。恥をかかされたという思いに、彼のプライドはひどく傷ついた。涙まで流しながら苦しい打ち明け話をする大使に、アシェンデンはこう答える。「魂を悩ます感情のなかで、虚栄心ほど破滅的で、普遍的で、根深いものはありません。そして、虚栄心の力を否定するものがあるとすれば、それは虚栄心しかない」。ここは、読書会でもっとも議論が深まった箇所だ。虚栄心を虚栄心で否定するとはどういうことか。もしかしたら、「恥をかかされた」ことを許せないという虚栄心は「恥をかかされたことを許せない虚栄心に苦しむ自分」を許せないという虚栄心によってしか否定できない、ということではないか。それで思い出したのは、小泉純一郎氏が首相だったとき、「ストレスはなにで解消するか」と訊かれて、「ストレスは次のストレスでしか解消できない」

と答えていたこと。

一章に出てきた人物がまた登場するのかと思いきや、二度と出てこない。「一話完結のため、読者は途中で放りだされたような気分になる」という感想も。思わせぶりなセリフに、あれはどういう意味だったのだろう、と困惑もさせられるが、そのこと自体がスパイという職業に似ている。スパイ本人は上司の命令に従うだけで、全体像を知らされず、知ることは許されない。成功してもだれにも感謝されず、失敗してもだれにも助けてもらえない仕事なのだ。アシェンデンはどんな任務にも、あくまで冷静に対応する。しかも作家なので、人間観察は欠かさず、いつかこれを小説にしてやろうと考えている。モームが自分の経験をどこまで小説に使ったのかはわからないが、ともあれ、大人が楽しんで読めるしゃれた作品であることは間違いない。

モーム『人間の絆』上・下、中野好夫訳、新潮文庫
モーム『月と六ペンス』土屋政雄訳、光文社古典新訳文庫
モーム『英国諜報員アシェンデン』金原瑞人訳、新潮文庫

テレーズはわたしだ

テレーズ・デスケルウが教会で司祭をじっと観察する場面を読んだとき、わたしは翻訳の師

匠だった東江一紀先生の葬儀で、牧師が口にした言葉を思い出していた。葬儀は教会で執り行われたが、東江先生自身はクリスチャンではなかった。それまで、教会での葬儀というものをあまり経験したことがなかったわたしは、牧師の話を少し斜に構えて聞いていたと思う。しかし、牧師が東江先生の枕元を訪れたときの話を始めたとき、思わずはっとして耳をすませた。洗礼を勧めた牧師に対して、東江先生はこう答えたという。「自分自身の人生は、人智を超えたなにか大きなものに導かれていたことはたしかだが、それを神とは言いたくない」。それに対して牧師は、「神の言葉を安易に口にする人よりも、神を否定し批判する人のほうが、実は神の近くにいるのです」と言ったのだ。その言葉にわたしは身を乗りだし、牧師の顔をまじまじと見た。もしかしたら、この人は自分自身も神の存在に疑問を抱き葛藤した経験があるのではないか。こういう人の話ならば聞いてみてもよい。そう思えた。

テレーズは、夫の家族が司祭のことを「本ばかり読んでいる」人物だと疎んじているのを知ると、司祭のところへ出かけていって彼をよく観察し、そこに司祭自身の葛藤を見てとる。この人もまた、一度は信仰に疑問を抱いたのではないか、と。そんな司祭が言うことになら本気で耳を傾けてもいい、とも思ったかもしれない。

テレーズの周囲にいる保守的で「善良な」人々は、自分たちの生活にも信仰にもいっさい疑問を抱くことがない。しかし、テレーズはそれでは満足できないのだ。土地持ちの男と結婚し、衣食住にはなんの不足もない。夫や日常生活に不満を抱くなどブルジョアのわがままだと言われればそのとおりだろう。しかし、彼女はみずからの苦しみと正面から向き合いたいのだ。告解すれば許されると言われようが、祈れば救われると諭されようが、そんなふうに理不尽に許されたくも救われたくもない。要するに、宗教という麻酔や自己欺瞞が我慢ならないのだ。

この作品のいったいどこが「カトリック小説」なのかとわたしには不思議に思えた。もしかしたら、作者のフランソワ・モーリアックも神の存在に疑問を抱き葛藤に苦しんだのではないか。そして、この小説に魅せられた遠藤周作もまた、幼児洗礼を受けていやおうなくキリスト教徒になったことに一度は苦しんだのである。

「神を否定し批判する人のほうが、実は神の近くにいる」。なんの疑問も抱かず盲信している善良な人たちよりも、葛藤を経た信仰のほうがはるかに強くほんものであるという意味でなら、この小説をカトリック小説と見ることもできるかもしれない。

読書会でこの作品を取りあげたとき、テレーズをわがままだと批判する声が多かった。「テレーズは夫のことを悪く言うが、実のところ彼はごくふつうの人間なのではないか」という感想もあった。たしかにそのとおり。夫はとくに悪い人ではないし、地主なので生活に困ることもない。生きていくだけならじゅうぶんだろう。むしろ、食べるのにせいいっぱいの暮らしだったら、テレーズのような悩みを抱く余裕もなかったはずだ。しかし夫はどこまでも実際的な人間であり、知的なことにはいっさい興味がない。妻は知的欲求が満たされずに苦しむが、自分がなにに苦しんでいるのかよくわからず、もやもやした思いをつねに抱えている。この退屈な日常がどうにかならないものか、と。ただ、なにかを変えたいと願っていても、自分では一歩を踏みだす勇気がない。もし夫が死ねば、そのきっかけにはなるかもしれない。積極的に殺そうとしないまでも、なにかの「事故」で夫が死ぬのならば、それはそれでよい、とわたしは、いやテレーズは思った。

読書会では、テレーズがなぜ夫を毒殺しようとしたのか、という点がなにより問題になった。「思い切った行動に出ることで、人生に風穴を開けたかったのではないか」「いや、そもそも彼女がなにを望んでいたのか、それが見えてこなかった」など意見百出。

夫を殺すなどというと、とんでもないことだと思われそうだが、ためしにネットで「夫　殺す」と検索してみると、意外にも多くの「夫を殺したい」妻たちがあらわれる。それを見るだけでわたしは、やはりそうかと安心するのである。

本気で夫を殺そうとするなら、ぜったいに失敗してはならない。テレーズは本気でなかったからこそ、ためらい傷だけで終わってしまったのだ。毒殺が未遂に終わったとき、世間体を気にする夫の偽証により、テレーズは起訴を免れる。しかし、彼女にとってその結果は、安堵するようなものではなかった。ほんとうは、「なぜ俺を殺そうとしたのだ？」と夫から本気で訊ねてもらいたいし、なんなら怒り狂ってもらいたい。テレーズはそう思ったはずだ。殺人未遂という行為が暴かれれば、みずから責任を取る覚悟くらいはある。家族の体面のために告訴さえされず許されてしまうなどというのは、罪人になるよりはるかに屈辱的である。

テレーズにとって結婚は逃避だった。当時は、だれかと結婚するしか女性にとって生きる道はなかった。現代でも、逃避として結婚を選ぶ人は少なくないだろう。しかし、いざ結婚してみると、動かしがたい現実に直面する。

わたしにとっても結婚は逃避だったかもしれない。とにかく実家から逃れたかったのだ。夫は文学にはまったく関心がない人だった。本を読んでいるところなど結婚してから一度も見たことがない。本だけでなく、音楽にも美術にも旅行にもなんの関心もない。もちろん、妻のことにも関心がない。夫婦の会話などほぼない。やがて、わたしはひとりで旅に出るようになった。日本各地のローカル線に乗って、車窓から海を眺め、ひとりで温泉宿に泊まる。ひとり旅を始めてみれば、これほど快適なものはない。なぜもっと早くそうしなかったのかと悔やまれた。夫婦なら一緒に旅行するものと思いこんでいたのだ。夫婦なら、ふたりで本について語り合い、ときおり外で食事をし、ときには映画を観て、たまに旅行をするものだと思っていた。人生の喜びも苦しみもともに味わうものだと期待していた。それがわたしの理想だった。けれども、現実はそうはならなかった。

やがて、相手に期待することをいっさいやめた。すると気持ちが楽になった。だから、テレビを見てふたりで笑っているところをもしほかの人が目にしたら、テレーズ一家のかかりつけ医であるペドメ医師が言ったように、あの夫婦は芝居をしているようにはとても見えないなと思われるに違いない。

それでも別れようとしないのはなぜなのか。百年前の女性と違って、今のままの状態でもわたしには自由がある。しかし、それは卑怯で欺瞞的な生きかたではないのか。

テレーズはなにかに突き動かされるようにパリに向かい、ひとりで考えようとする。自分はなにを望んでいるのだろう、と。もしかしたらそれは、いなかに住む女子高生が抱くような、都会への憧れにすぎなかったのかもしれない。いずれパリに飽きれば、テレーズは夫のもとに戻っていくだろう。そして、わたしもひとり旅を終えれば家に帰るしかない。どこへ行ってきたなどという報告はしないし、夫もどこへ行ったのかとも訊かない。言わないほうも言わないほうだが、訊かないほうも訊かないほうではないだろうか。

唯一の救いは、わたしには読書会があることだ。内向していく想いを外に出す場がなければ、とっくに爆発していただろう。テレーズに必要なのも、みずからの想いを外に出すことであり、それはたとえば「魂の交流する場」としての読書会のような存在だったのではないか。もはやテレーズとわたしが混然一体となって、どちらがどちらか区別がつかないのである。

═ モーリアック『テレーズ・デスケルウ』遠藤周作訳、講談社文芸文庫

ポケットに石を詰めこんで

シモーヌ・ヴェイユのことを考えると胸が苦しくなる。わたしがヴェイユの経歴を詳しく知ったのは、哲学者たちの交流を描いた本(Sarah Bakewell, *At The Existentialist Café——Freedom, Being & Apricot Cocktails* 邦訳仮題『実存主義者のカフェにて』)を最近まで翻訳していたからだ。その本には、第二次世界大戦前後の時代を背景に、さまざまな哲学者たちが登場してくる。彼らはカフェで熱い議論を交わし、手紙を頻繁にやりとりし、酒場で踊り、ときには思想の違いから喧嘩になって袂《たもと》を分かつ。フッサールやハイデガーやサルトルなど大御所が何人も登場するなかで、訳しながらわたしがとくに魅力を感じた人物が三人いた。カミュとヤン・パトチカ(一九〇七—

一九七七年。チェコの哲学者。人権侵害に抗議する運動により逮捕され、当局の取り調べ中に死去）、そしてシモーヌ・ヴェイユだ。

ヴェイユはもともと裕福な家庭に生まれ、成績はきわめて優秀だった。キリスト教の精神に深く傾倒しながらも、権威的な教会組織には反感を抱き、最後まで洗礼を受けることはなかったという。哲学の教員として働いていたが、貧しい人々と同じ場所に身を置き、同じ経験をするため、みずから工場に職を得て安い賃金で働く（その経験を『工場日記』に記している。今でいえば、ユニクロやアマゾンへの潜入記だろうか）。「互いに矛盾する命令は、工場の論理に従えば、矛盾していない。労働は、これらすべてを甘受してなされなければならない。解雇されないために、労働者は互いに矛盾する命令をやり遂げなければならない。そして労働者はやり遂げるのである」「工場に入るときに、タイムカードと一緒に自分の魂を置いて、夕方、工場を出るときに、無傷なままの魂を受け取れたら、どんなにいいだろう！　だが起こっているのはその反対のことである」

工場での過酷な労働によってヴェイユは病気になるが、食料を手に入れられない人たちがいるなら自分も同じ苦しみを味わいたいと、食べることを拒否。治療をも拒み、みずから死を受け容れるようにして三十四歳という若さで死んでいった。

戦争で負傷し、障害を負った詩人ジョー・ブスケとの往復書簡で、ヴェイユはこんなふうに記している。「不幸を思考の対象とするには、不幸を肉の中にうんと深く打ち込まれたものとして、一本の釘として持っていることが必要です。長く持ち続けて、思考がそれを見つめていられるだけの強いものとなる時間を思考に持たせることが必要なのです」

いつだったか、わたしはある人から展覧会の招待券をもらった。その展覧会は非常に評判がよく、会場に着くと「一時間待ち」という列に、炎天下たくさんの人が並んでいた。しかし、招待券を見せると、列に並ぶこともなくさっと中に入れてもらえた。そのときは助かったとしか思わなかったが、あとから少しずつ違和感が大きくなっていった。並んでいる人を横目に、自分だけ特別扱いを受けたことに後味の悪さを感じたのだ。そして、今度からはどれほど強力なコネがあっても、必ず列の最後尾に着くことにしようと決めた。もしその決意に、いびつな正義感あるいはひねくれた純粋さのようなものが含まれているとしたら、それを百万倍くらいにしたのがシモーヌ・ヴェイユだ。

ヴェイユはもともと虚弱体質で、頻繁に襲ってくる激しい頭痛にも苦しんでいた。それでいて、自分からわざと苦しみを求めていくような生きかたをしたのだ。ヴェイユの場合、生きかたそのものが思想であり、作品であるともいえる。執筆した原稿は膨大なものだったが、生前に出版された本は一冊もない。地下新聞『コンバ』の編集長だったカミュが、彼女の遺した文章を読んで感銘を受け、出版に尽力したという。カミュとヴェイユには共通点があるように思える。それは、「抵抗」だ。受け容れるべきでないものにはあくまで抵抗し、みずからの信条に殉じる精神である。

他者を救済したいという想い。その激しさという点でヴェイユはマザー・テレサに似ている。ただ、マザー・テレサの場合は強い想いが文字どおり他者に向かったが、ヴェイユの場合は自分自身に向かった。自分を痛めつけることで祈りの純度を上げていたように思えるのだ。あえて苦しみを求めていくやりかたは、あまりに極端で常軌を逸している。それでも、そのかたくなまでのひたむきさに、わたしは強烈な憧れと共感を抱かずにはいられない。いっそのことヴェイユとともにどこまでも沈んでいきたい気持ちにすらなる。

そして、実際に沈んでいってしまったのがヴァージニア・ウルフだ。ウルフを読んでみようと思ったのは、こちらも翻訳がきっかけだった。以前訳した本にこんな一文があったのだ。「橋を渡りながらヴァージニア・ウルフのことが頭をよぎった。彼女はポケットに石を詰めこんで、イギリスのイースト・サセックス川に入水したのだ」。なんと、ポケットに石を詰めこんで自死するとは……。わたしはがぜん興味を引かれ、「あ、ウルフを読まなくちゃ」と思った。そして『灯台へ』を読みはじめた。ところが、いつまでたっても物語が始まる気配すらなく、こまやかな心理描写だけがずっと続くため、わずか二ページで挫折。これまでの最短記録である。

その数年後、読書会でウルフを取りあげることになった。さすがは読書会、と力を込めて言いたい。『灯台へ』はもちろん、なんと『ダロウェイ夫人』まで読めてしまったのだから。読んでみれば、なぜこんなすばらしい作品をもっと早く読まなかったのかと悔やんだほど、濃密な読書体験になった。何度も言うが、この作品にいわゆる物語としての展開を期待してはいけない。物語はまったく展開しないし、筋のようなものもない。第一部では、たった一日の出来事、いや、出来事とすらいえないような「意識の流れ」の芳醇な描写が二百ページ以上続いたかと思うと、ごく短い第二部では、住人の消えた別荘のようすが淡々と語られて一気に十年が経過し、第三部では、ふたたびたった一日の描写が始まる。そのH型構成(長い一日と一日を、十年の短い回廊がつなぐ)はみごとでため息が出るほど。こんな構成を思いつく作家はそうはいないだろう。

そして、作品の最初と最後に同じ言葉が呼応するように使われる。「そう(yes)、もちろんよ……」という冒頭のラムジー夫人のセリフと、「そう(yes)、わたしは自分の見方《ヴィジョン》をつかんだわ」というリリーのモノローグだ。

作品のほぼすべてが、登場人物の心の動きを細かく捉えた描写と、風景描写で埋めつくされる。その心理描写のなんと詩的なこと、細密な風景描写のなんと美しいこと。「ここまで感受性が豊かな作家は、いずれ自殺せずにはいられないだろう」という感想があったほどだ。

読書会で話題の中心になったのは、家父長制の権化のような、それでいて幼児性を残した父親（ラムジー氏）と、圧倒的に美しく、絵に描いたような良妻賢母の母親（ラムジー夫人）の関係性だった。ラムジー夫人については、「こんな美しいばかりの女性は、あまりに現実離れしている」との指摘もあった。夫妻が、言葉を発することなく火花を散らしたり、そうかと思えば寄り添ったりの描写は実にうまい。ラムジー氏の専横ぶりに夫人が従っているように見えつつも、第一部の最後は「またしても、夫人が勝利をおさめたのだ」で終わる。

タイトルの『灯台へ』というのはどういう意味なのだろうという疑問も上がった。「明日は灯台へ行きましょうね」「いや、天気が悪いから無理だろう」というような家族の会話が、なにかの象徴のように何度も出てくるものの、彼らはなかなか動きだそうとしない。まるで『ゴドーを待ちながら』（サミュエル・ベケット）のようにずっとなにかを待っている。彼らが実際に灯台へ行ったのは十年もたってからで、しかも灯台にたどり着くところで終わっており、実際に灯台がどんなところだったかは描かれない。明りで照らされた灯台は、つねにたどり着きたい場所でありながら、なかなかたどり着けないところでもある。もしかしたら、そんなものの象徴なのかもしれない。

ウルフは十三歳で母親を亡くしてから、生涯にわたって精神の病に苦しんだという。シモーヌ・ヴェイユもヴァージニア・ウルフも、どうやらポケットに石を詰めこんでしまう気質のようだ。もしかしたら、わたしにもほんの少しだけそんな気質があるかもしれない。だから、ヴァージニア・ウルフのことを考えると胸が苦しくなる。

シモーヌ・ヴェイユ『シモーヌ・ヴェイユ　アンソロジー』今村純子編訳、河出文庫
大木健『カルカソンヌの一夜　ヴェイユとブスケ』朝日出版社、一九八九年
ヴァージニア・ウルフ『灯台へ』御輿哲也訳、岩波文庫

本のなかの読書会

◇『ジェイン・オースティンの読書会』

読書会をテーマにした本や、本のなかで読書会が取りあげられている作品をいくつか紹介したい。読書会を扱った本といえば、まず思い浮かぶのが『ジェイン・オースティンの読書会』

である。本書は全米でベストセラーとなり、映画化もされた。

「私たちはみんな自分だけのオースティンを持っている」という冒頭の一文がすべてを語っている。年齢も境遇も異なる六人が、ジェイン・オースティンの主要な小説六冊を月に一冊ずつ読む読書会に参加する。各自が六冊のなかから自分の好きな本を選び、その本を取りあげる回のホスト役を務めるのだ。

この読書会を提案したのは、五十代前半の独身女性だ。彼女が、読書会にふさわしいメンバーを選んでいく。それぞれ個性の強い人物だが、みな本が好きで、ひとりを除いては全員が筋金入りのオースティン愛好家だ。彼らは月に一度、ホスト役の自宅に集まり、ホストが用意したお茶やお菓子を味わいながら、その日の課題本について語り合う。部屋に置かれた家具や提供される飲物や食事などから、ホストの人柄がうかがえる。欧米では、自宅で読書会を開くことがごくふつうに行なわれており、本書を読むとそのようすがよく伝わってくる。

タイトルに「読書会」とあるものの、実際にジェイン・オースティンの本について語り合う場面はさほど多くない。オースティンの小説を軸に、六人の人間模様が描かれているといったほうがよいかもしれない。六章のそれぞれで、ひとりひとりの過去が描写されるとともに、現在進行形の人間関係も語られていく。メンバー同士が淡い恋愛をし、メンバーのひとりは夫とよりを戻す。オースティンを読みながら、だれもがオースティン文学の登場人物のように、さまざまな経験をしていくのだ。まさしく、本について語ることは人生について語ることなのである。

巻末には、読書会で取りあげられた六つの小説『エマ』『分別と多感』『マンスフィールド・パーク』『ノーサンガー・アビー』『高慢と偏見』『説得』のあらすじに加えて、オースティンに対する批評家や作家からのさまざまな反応も掲載されていて、実に興味深い。

皮肉とユーモアがちりばめられたこの本自体がオースティンの小説のようでもあり、オースティンを読んだことがなくてもじゅうぶんに楽しめる。訳者はこの六作を個人全訳した中野康司氏。作者のファウラーはSF作家であるだけに、登場人物のひとり、グリッグにSF小説の魅力を語らせている。グリッグが薦める本『闇の左手』(アーシュラ・K・ル＝グウィン)も読んでみたくなった。

◇『プリズン・ブック・クラブ』

カナダの刑務所で開かれる読書会のようすを一年にわたって取材したノンフィクション。読書会とはどういうものか、その雰囲気を知るのにぴったりの一冊である。

著者は、刑務所で読書会を主催する友人に誘われ、おそるおそる読書会に参加する。少し前に強盗に襲われ死の恐怖を味わったため、最初は刑務所に足を向けることに強い抵抗があった。それでも、囚人たちがどんな本を読み、どんな話し合いをしているのか知りたいという好奇心が少しずつ上回ってきたのだ。参加するからには、ジャーナリストとして読書会のようすを取材してみたい。刑務官の許可を得てレコーダーを持ち込み、話し合いを録音する。

刑務所に足を踏み入れると、腕や首にびっしりとタトゥーのあるこわもての男たちが円形になって本を手にしている。彼らの発言を聞いているうちに、ひとりひとりの特徴がわかってきた。すると、彼らがなぜ収監されることになったのか、そのいきさつにも関心が向き、少しずつ心の距離が縮まっていった。

刑務所ではときに思いがけない刺傷事件やストライキが起きるものの、囚人たちは難しい本や長編小説でもきちんと読み終えてくる。そして、みずからの人生を背負って発言するのだ。真剣な発言であるがゆえに、ときにはメンバー同士、一触即発の状態になることもある。

本書では刑務所での読書会のやりとりが臨場感たっぷりに描写され、「読書会あるある」も満載だ。課題本の選定をどうするか。話し合いが脱線したときはどうするか。メンバーが課題本を読み終えてこなくなったときはどんな工夫をするか。メンバーたちはほかの刑務所に移ったり出所したりしたあとも、またそこで新たな読書会を立ちあげようとする。いったん読書会の魅力を知れば、もうそこから抜けだすことはできないのである。

◇『奇妙な死刑囚』

無実の罪で死刑宣告を受けて三十年間も収監され、死の恐怖と文字どおり隣り合わせになっていた黒人男性のノンフィクション。三十年間も正気を保ったまま、よくも「踏ん張って」こられたものだと驚くが、それも自分が無実であるという、これ以上ないほどの強みと、神はぜったいに見放さないという確信と、母親や友人からの深い愛情と、無実を信じてくれた弁護士への信頼あってのことだ。そして、本人のもって生まれた明るさ、どんなときも希望を失わない前向きな信念も大きな要素だったと思われる。

仲よくなった死刑囚たちがひとりまたひとりと電気椅子にかけられ、肉のこげる匂いがただよってくる場面は壮絶だ。刑場へ連れられていく囚人に聞こえるよう、仲間たちがドアを叩いて、おまえはひとりではないぞ、と知らせる。その行為は、自分たちにできるせいいっぱいの怒りと悲しみと抗議の表明であり、読んでいて苦しくなると同時に、なにか温かいものが胸にあふれてくるのを感じた。

四百ページを超す本だが、まるでミステリー小説のように、これから先どうなるのだろうと、最後に釈放されることはわかっていながらも、ページをめくらずにはいられなかった。いったん犯人と決めたからには、たとえ無実だろうとそれを覆すつもりは毛頭ない、という理不尽な司法のありかたを見れば、闘う相手のあまりの大きさに、本人は何度も絶望しそうになったことだろう。囚人自身はどれほど闘いたくても自分ではなにもできず、弁護士にすべてをゆだねるしかないため、読者もそのもどかしさを共有せずにはいられない。黒人を犯人と決めつけるような人種差別は、ついこのあいだまで厳然としてあったし、おそらく今でもあるのだろう。作者がわたしたちと同じ時代の人であることを思うと、わたしが生きてきたこの三十年のあいだ、彼はずっとこんな状況にあったのかと愕然としてしまう。

そして、たった一度しか許されなかった読書会。それでも読書会を開こうと提案する人がいて、それに応える仲間がいたのだ。読書会が開けなくなってからも、一冊の本を独房から独房へと手渡ししていく場面は感動的である。本はどんな状況にあっても人間を救うものなのだと改めて感じた。

◇『パトリックと本を読む』

著者はハーバード大学を卒業した台湾系アメリカ移民二世の若い女性。貧しい地域の学校に講師を派遣するプログラムに参加した彼女の派遣先は、アメリカ最貧地域のひとつミシシッピ・デルタの町ヘレナの教育困難校だった。境遇に問題を抱え、犯罪にも手を染めてしまう生徒たちに勉強への意欲を持たせるのは苦難の連続だが、それでも彼女は少しずつ生徒たちの信頼を得ていく。教え子たちのなかで、ほかの生徒たちにはない穏やかさと感性を持っていたのがパトリックだった。彼は文章の読み書きは苦手だが、こちらが教えることを素直に吸収し、上達を見せる。

しかし、著者がロースクールに進学するため学校を離れているあいだに、パトリックは殺人事件を起こしてしまう。教師としてなにができるのか悩んだ結果、彼女は就職を先延ばしにしてパトリックのもとに戻っていく。そうして、拘置所でふたりの読書会が始まる。『ライオンと魔女』(C・S・ルイス)を読んで登場人物の気持ちについて話し合い、芭蕉や一茶の俳句を味わってお気に入りの句を選びだし、イェイツやホイットマンの詩をふたりで交互に暗誦する。やがてパトリックは、フレデリック・ダグラス(一八一八—一八九五年。奴隷として生まれながら、独学で読み書きを覚えた人物)の自叙伝をきちんと読み終え、感想を言えるまでに成長する。

本を読みながら、パトリックはしきりに尋ねる。「先生はどの部分が好き?」一冊の本をだれかと分かち合い、感動を共有したいというこの気持ちこそ、まさに読書会の神髄ではないか。著者はパトリックの創作ノートに目を通しながら考える。「パトリックはこんなにも成長した。しかし、そのとき私の心を打ち、その後何年ものあいだ私の心に強く残っていたのはむしろ、私がパトリックに対してしたことの少なさだった。謙遜を装っているのではない。パトリックの知的成長に必要だったもののあまりの少なさに愕然としていると言いたいのだ。静かな部屋と、たくさんの本と、大人の導きが少しあればここまで伸びる。なのに、それらが与えられる機会はほとんどなかったのだ」

ひとりの人間を変えるためになにが必要か、この本は教えてくれる。

カレン・ジョイ・ファウラー『ジェイン・オースティンの読書会』中野康司訳、ちくま文庫
アン・ウォームズリー『プリズン・ブック・クラブ――コリンズ・ベイ刑務所読書会の一年』向井和美訳、紀伊國屋書店、二〇一六年
アンソニー・レイ・ヒントン『奇妙な死刑囚』栗木さつき訳、海と月社、二〇一九年
ミシェル・クオ『パトリックと本を読む――絶望から立ち上がるための読書会』神田由布子訳、白水社、二〇二〇年

読書会を成功させるためのヒント④——読書会以外にも交流の場を作る

読書会の場では、基本的に本について話すだけで終わってしまうので、もう少し互いのことを知りたいと思うなら、交流の場を設けるのもよいことだ。たとえば、参加者をその都度募集する読書会の場合は、会の終了後、喫茶店でお茶を飲んだり食事をしたりすることで、趣味の一致する人と出会ったり、本の話でさらに盛りあがったりして、読書会を続けようというモチベーションにもなる。オンラインなら、読書会のあと画面ごしで懇親会や飲み会が開かれることもある。

わたしたちの読書会では、毎年一月にレストランで新年会を開く。少しおしゃれをしてフランス料理店に集まり、ワインで乾杯して、互いの近況や旅行の話など、ふだんはあまり触れないことを話題にする。それでもいつのまにか本の話になり、これまでみなで読んできた本のどれかに話題は行き着くのである。

チェーホフの作品を取りあげたときは、ちょうどタイミングよく上演していた「かもめ」の舞台をみなで観にいった。ほかにも、課題となった作品の映画を観たり、作品に出てきた場所や作者ゆかりの場所をめぐる文学散歩に出かけたりするのも楽しい。

メンバー同士のほどよい距離というのは微妙なものである。知らない人同士だと緊張して話しにくいし、ほかの参加者の素性がなにもわからないと、どこまで掘り下げて意見を言っていいのか測りかねる。逆に、親しくなりすぎてもよくない。読書会に緊張感が薄れ、雑談ばかりになってしまう傾向があるからだ。ファシリテーターがいなくても全員が本の話に集中し、楽しみつつも適度な緊張感を保っている読書会がわたしの理想である。

VI　翻訳家の視点から

翻訳家多めの読書会

わたしが読書会に参加したきっかけは、前述のとおり翻訳の師匠である東江一紀先生に誘っていただいたことだ。わたしが参加したのは会が始まって六年ほどたったころである。まだ若かったわたしは、さまざまな年齢の人たちと、一冊の本をめぐって深く話し合えることが嬉しくてたまらなかった。

あれから三十年近くがたち、参加者も何人か入れかわった。最初はふたりだった翻訳家が少しずつ増えていき、今では十人のうち七人が翻訳家という構成になった。メンバーに翻訳家が多いと、読書会での話し合いにもそれなりの傾向があらわれてくる。課題本を読みながら、訳文に対するツッコミが多くなりがちなのだ。典雅すぎて理解しにくい訳文や、今では使われず意味のわからない訳語に出くわしたときは、別の訳者の版で読んできたメンバーと該当箇所を照らし合わせながら意味を確認する。それでもわからなければ、だれかがネットを使って、その場でたちまち原文の単語を探しだしてくる。

ときには、タイトルの訳語が話題になることもある。モームの『人間の絆』を読んだとき、タイトルに使われた「絆」が原文では「bondage」つまり「束縛、縛るもの」だということに気づいた。「絆」という日本語がよい意味しか喚起しないことを考えると、このタイトルは妥当なのか、という意見が出た。わたしは最初、この小説を「主人公がさまざまな経験をしながら周囲の人々と絆を結び、成長していく物語」というふうに読んでいたのだが、それはまったく違っていた。むしろ、主人公は「人間を縛るもの」と決別することによって、精神の自由を獲得していく。縛るもののひとつが、彼にとっては幼いころから身近だったキリスト教であり、もうひとつは、「人生は意義あるものでなければならない」という思い込み。しかし、実は人生には意味などないのだ、と悟ることで彼は圧倒的な自由を手に入れる。それならば、「絆」よりは「枷《かせ》」とか「軛《くびき》」という語が近いのではないかとみなで話し合った。ところが、あとで辞書を調べてみると、「絆」という言葉は本来、犬や馬などの家畜を木につないでおく綱のことで、まさしく「束縛、呪縛」という意味で使われていた。「人と人との結びつき」という意味で使われるようになったのは最近のことだという。とくに東日本大震災以降、肯定的な響きが頭に染みついてしまい、わたしたちは本来の意味を忘れてしまっていたのだ。

　メンバーに翻訳家がいると、ときには本人が訳した作品を課題本として取りあげることもある。作品の読みどころや原作者のエピソード、訳すにあたって苦労した点など、訳者自身の解説つきで本を味わえるというのは、「翻訳家多めの読書会」ならではだろう。

そしてもうひとつ、誤植を発見するのが得意、という特色もある。どんな本でも、ゲラ(印刷物の校正刷り)を読むように一語一句なめるようにして読んでしまうため、編集者も見逃した誤植を見つけることが多い。あるとき、新聞の書評に取りあげられた本を読書会で読んだ。内容自体はすばらしく、印象に残る良書だったが、おそらく話題の本だったため出版を急いだのだろう。誤植があちこちにあり、翻訳家のメンバーはみな驚いていた。ところが、ほかのメンバーはほとんど誤植に気づいていない。どうやら誤植があっても、ふつうの読者はあまり気づかず読んでくれるということが判明した。そういえば、わたしも翻訳の仕事をするまでは、誤植の有無など気にもせず読んでいたと思う。それどころか、翻訳書を読んで意味がよくわからないと、自分の理解が浅いせいだと思いこんでいた。けれども今なら、それはたいてい翻訳に問題があるからだとわかる。翻訳についてなにも知らなかったころ、翻訳というのは原文をそのまま日本語に移しかえているのだと思っていた。翻訳した日本語をもう一度訳しなおせば原文に戻る、くらいの認識しかなかったのだ。だから、翻訳学校の最初の授業で、十人の生徒から十とおりの訳文ができあがったのは、新鮮な驚きだった。

本を読みながら、頭のなかでつい朱《あか》を入れてしまう、というのは「翻訳家あるある」だろう。

メンバーのひとりは「表記の不統一が気になって、内容がちっとも頭に入ってこなかった」と言っていた。わたしは「この表現うまいな」と感じると、原文を想像しながら、自分ならどう訳すかつい考えてしまう。そして、自分には思いつかない言葉が使われていた場合、いつか使ってやろうとノートに書きとめる。逆に「この文は読みにくいな」と感じると、どうすればもっと読みやすくなるか考えながら、頭のなかで訳文を組み立てなおしてみることもある。そんなことばかりしていると、物語がちっとも前に進まない。

翻訳の勉強をしていたころ、わたしの師匠はよく、弟子の訳文にいかにも日本ふうの慣用句を見つけると注意を促していた。たとえば、「わたしの目の黒いうちは」。原文の登場人物は青や茶色の目をしているかもしれない。最初のうち、弟子たちはなにがいけないのかわからず、きょとんとしていた。慣用句なのだから、登場人物の目の色がなんであろうと、わかりやすさという点から考えれば問題ないのではないか、と。ほかにも「朝飯前」(ご飯と味噌汁を想像してしまう)や「すし詰め」(柿の葉ずしを想像してしまう)や「枕を高くして」(お殿様の枕を想像してしまう)など、当然ながら慣用句には日本的なものが多い。師匠はそういう言葉を訳文のなかで安易に使う前に違和感を持てというのだ。

あるとき勉強会で、わたしが「coffin」の訳語に「棺桶」を使ったとき、「棺桶という言葉のもともとの意味を知っていますか？」と指摘された。棺桶は「桶」であり、昔は桶のなかに坐るような形で遺骸をおさめていた。だから棺という意味の言葉に「桶」という字が残っているというのだ。ふだんよく使う言葉だからといって、そのまま訳文に使っていいというものではない。たとえ使うことになったとしても、その言葉のもともとの意味を知ったうえで使わなければいけない。そのことを、わたしは翻訳をするときにはつねに意識するようになったが、同時に、翻訳小説を読んでいて「市松模様」などという表現を目にすると、かすかな違和感を抱いてしまうようにもなった。「翻訳の仕事を始めてから、小説を純粋に楽しんで読むことができなくなりました」と言っていた師匠の言葉が今でもはっきりと耳に残っている。

2014年，新年会のレストラン前で．東江先生(左から2番目)はこの5か月後，62歳で亡くなった．左端は筆者

方言をどう訳すか

子どもを産むというのは恐ろしいことだと思う。子ども自身の意向をたしかめることもなく、

八十年もの人生を背負った人間をこの世に送りだしてしまうのだ。そして、一度産みだしてしまったら、元に戻すことはぜったいにできない。こんな恐ろしいことがほかにあるだろうか。わたし自身は結果的に子どもを持つことがなかった。

いつだったか旅先で温泉に入ったとき、脱衣所のベビーベッドに赤ん坊が寝かされていた。周囲に人はおらず、母親らしき人の姿も見当たらない。どうしたのかな、と思いながらなんとなく赤ん坊を眺めているうちにふと、このまま抱きあげて逃げだしたい衝動に駆られた。わたしは子どもを産むことを恐れてさえいたのに、あのときなぜそんな気持ちになったのか今でもよくわからない。もしかしたら、赤ん坊という存在には、それほどまでに強く人を惹きつける磁力があるのかもしれない。

この日の課題本はイギリスの小説『サイラス・マーナー』。孤独な中年男性マーナーが、幼児を拾い育てることで、生きる希望を取り戻していく物語だ。著者は十九世紀の作家ジョージ・エリオット（筆名は男性名だが、実はメアリ・アン・エヴァンズという女性。この時代、女性が本名で小説を発表するのは難しかった）。読書会では初めて取りあげる作家だったが、読んでみると、これがめっぽうおもしろい。

機《はた》を織って暮らす孤独なマーナーの物語と、広大な屋敷に住む地主の跡取り息子ゴッドフリーの物語が並行して描かれていく。場面が切りかわるところは、まるで映画を観ているようだ。属する世界があまりに違いすぎるこのふたりの物語が、いつどんなふうに交わるのか、ページをめくらずにはいられなかった。

まずは、「小説という枠組みを存分に生かし、よくできたおもしろい作品だった」というのがメンバーの一致した感想だった。悲しい過去を抱えて心を閉ざし、そのうえ金貨まで盗まれてしまうマーナー、若いころ身分の低い娘と秘密裡に結婚し、子どもまでできていたことを領主である父親に打ちあけられないでいるゴッドフリー、そしてゴッドフリーに好かれながらも彼を信頼しきれないでいるナンシー。おもな登場人物たちがそれぞれに悩みを抱えており、この先どうなるのかというサスペンス的な効果を生んでいる。

「サスペンドされていた部分がほぼすべて勧善懲悪的に回収されてしまうのは、少々物足りない気もする」という感想は多かったが、「読み終えたときにカタルシスを感じられることも、物語を読む効用だ」という意見も。

物語の最初に、いきなりマーナーの暗い過去が語られる。友人に裏切られ、恋人から拒絶され、宗教をも捨ててラヴィロー村に移り住んだ彼は、周囲から変わり者という目で見られていた。唯一の慰めは、機織りで稼いだ金貨を床下の革袋に貯め、それを眺めて愛《め》でること。彼にとって金貨は物を手に入れる手段ではなく、友人のように話しかける相手であり、これまで味わった苦労の対価を、目に見える物質として凝縮させた「宝物」だったのだ。

その金貨が盗まれてしまう、という最大の不幸に襲われ、マーナーは絶望のどん底に落とされる。「金貨がないと知ったときの狼狽ぶりは実にリアルだ」という発言があった。一度でも大切な物をなくした経験のある人なら、思い当たるのではないだろうか。床下の穴を何度もなでまわし、自分の目や記憶を疑い、もしかしたらほかの場所に置いたのではないかと思いなおし、それでもないとわかると身体が硬直し、はては大声で叫んでしまう。

やがて、金貨の代わりとして「神様が与えてくださった」のが、ゴッドフリーと彼に捨てられた女とのあいだにできた子どもである。マーナーがこの子を発見する場面は、とても印象的。「ああ、金貨が戻ってきた」と思わず手を伸ばしたところ、それが金髪をした子どもの髪の毛だったというのだから。エピーと名づけたその娘をとおして、マーナーと村人たちとの交流が生まれていく。「世話好きなおかみさんから幼児の育て方を教えてもらうくだりは、ほほえましくこちらまで幸せな気持ちになった」という感想には全員が頷いた。

その娘が年ごろになり、幼馴染《おさななじみ》と結婚することを決めたころ、屋敷からゴッドフリー夫妻がやってきて、養子にしたいと言いだす。「エピーは自分の実の娘なのだから引き取る権利がある」と居丈高に要求するゴッドフリーに対して、マーナーはその身勝手な要求を、毅然とした態度ではねつける。この場面は実に痛快で、「読んでいて溜飲が下がった」というメンバーが多かった。

金貨を盗んだ悪者が死に、マーナーには娘という宝物が与えられ、娘は反抗期もなくいい子で、しかも金貨がそのまま見つかるとは、因果応報がわかりやすすぎる、などツッコミどころはたくさんあったものの、それぞれの登場人物に共感しつつハラハラしながら堪能できる、よくできた物語であることは間違いない。

もうひとつ、会話文についても話題になった。この作品でもそうだが、原文に方言が使われている場合、それをどう日本語に置きかえるかは訳者としてたいへん悩むところだろう。ともすれば、方言は東北弁に訳されることが多いのだが、ここで使われているのは東北弁ではない。だとしたらこれはどこの方言なのだろう、と話し合ったが、もしかしたらわたしたちは、東北弁として訳される会話文にふだん違和感を抱きながらも、そういう型にはまった訳に慣らされ、それを無意識に求めてさえいたのではないだろうか。やがてここから話題が発展して、黒人の言葉を東北弁として訳すことの差別性なども話し合った。

「この世には善いこともある。いまじゃわしもそうおもうとる。災いや悪事はあるがな。この世には善いこともうんとあるとおもうな」。立ちあがれないほどの絶望と、穏やかな幸福の両方を味わってきたマーナーが口にしたこの素朴な人生観こそ、この小説を貫く思想ではないか、という意見があったが、まさにそのような純朴で温かい作品だった。

＝ジョージ・エリオット『サイラス・マーナー』小尾芙佐訳、光文社古典新訳文庫

内気な弟子と内気な師匠

翻訳の師匠だった東江一紀先生から読書会のことを初めて聞いたのは、たしか授業のあとの飲み会の席だったと思う。読書会メンバーが高齢化してきたので、若い人に参加してもらいたい、というのだ。

当時、わたしは先生と話すときはたいがい緊張していた。先生はふだん無口で、少し近寄りがたい感じもあった。弟子に対しては面倒見がよく、つねに誠実だったが、翻訳に関してはきわめて厳しかった。弟子を褒めることはめったになかったものの、本人のいないところではよく褒めていたので、弟子たちは「褒め言葉を聞いたら教え合おうね」と決めていた。そうして、泥水から砂金をひと粒ずつ集めるように、褒め言葉を大切にしまっておき、自信をなくしたときに取りだして眺めるのである。とはいえ、先生にはだじゃれ好きのお茶目な面もあり、酔っ

たときなど、弟子たちと軽妙なやりとりを交わすこともあった。ぽんぽんと冗談を言い合えるそんな関係は、わたしから見ればまぶしくてしかたなかった。

読書会に初めて参加する日、わたしは早めに行って廊下で待っていた。すると、階段を一段飛ばしで駆けあがってくる先生の姿が見えた。先生はわたしを見つけると、「間に合いました」と照れたような笑顔を浮かべた（弟子に対してもつねに丁寧語だった）。その日は娘の運動会があるので遅れるかもしれない、とあらかじめ聞いていた。それでも、初めて参加するわたしをひとりにしてはかわいそうだと気遣い、急いで来てくれたのがよくわかった。

読書会では、先生はめったに発言をせず、オバサマたちから「で、あなたはどう思うのよ」と迫られて感想を口にするのがいつもの風景だった。だからこそ、その発言には重みがあり、会のご意見番的な役割を担っていた。

読書会からの帰り道、井の頭公園を通って駅までの十五分ほど、わたしと先生のふたりで歩くことが何度もあった。いかんせん、ふたりとも内向的で話し下手なので、会話がちっともはずまない。わたしはそんな雰囲気が気まずく、無理して喋りまくった結果、駅で別れたとたん深く落ちこんだことも数知れない。ただ、先生は翻訳のことであれば話題が尽きず、数学小説を翻訳中だったときは、難解な数学の話を楽しげに話していらした。しかし、わたしのほうはなんのことやらさっぱりわからず、ただ相槌を打つことしかできなかった。逆に、わたしがそのころ夢中になっていた哲学の話をしたときは黙って聞いてくださり、ウィトゲンシュタインの『哲学探究』に「手を痛がっている人がいるとき、なぜ手に向かって同情せず、相手の顔を見て同情するのか」という言葉があったことを伝えると、声を上げて笑っていらしたのを憶えている。内向的な人間でも、自分の好きなことにだけは冗舌になるものなのだ。

先生が五十代で食道がんと診断され、手術することになったとき、弟子たちはみな心配したが、わたしはなぜか「先生はぜったいに大丈夫」と確信していた。根拠などまったくないのに、そう思いこんでいたのだ。それはたとえば幼い子が、自分の親だけはぜったいに死なないと思いこんでいるのと似ていた。そのことを考えると、わたしはいつも『失われた時を求めて』の一場面を思い出す。語り手である「私」の祖母が病気になったとき、家族はそれを信じまいとして、祖母をむりやり散歩に連れだし、なんでもないのだと思いこもうとする。しかし祖母はほんとうに具合が悪く、それを家族にわからせるには「死んでみせるしか方法がなかった」のである。

弟子たちのメーリングリストに、先生は術後の経過や体調などをよく書きこんで「もうすぐ完治の目安である五年になります」と報告していた。今思えば、不安のうちにもそうやって自分を励ましていらしたのではないだろうか。その五年がすぐそこまで来ていたとき、がんが再発した。

読書会で先生と最後に会ったのは、亡くなる二か月前のことだ。このときはまだお元気で、「井の頭公園でランニングをしてきました」などとおっしゃっていた(学生時代、陸上競技の選手だったのだ)。もしかしたら、深刻な病状と、そのわりにはまだ元気な体の状態が一致せず、戸惑っていらしたのではないだろうか。差し迫った病状を先生が読書会で打ち明けたとき、七十代のメンバーが「まだそんなに若いのに……」。わたしの寿命を分けてあげるわよ」とさらりと言った。するとすかさず、もうひとり同年齢のメンバーも「わたしも分けてあげる」と言ったのだ。ふたりとも、東江先生とは読書会が始まったときからの仲間である。ふたりの言葉は同情でも慰めでもなく、長いあいだともに本を読んできた年下の仲間への、そして本来ならこれからまだまだ仕事ができたであろう才能ある翻訳家への、みじんも嘘のない心の声のようにわたしには感じられた。

そのころ、わたしたちは『チボー家の人々』を読んでいたところで、しかもちょうどチボー家の当主である厳格な父親が亡くなる場面にさしかかっていた。死の床に司祭を呼んだ父親は、神と取引をする。それまで大切にしてきた地位や名誉を差しだし、そのかわりに天国へ召されるよう司祭に頼むのだ。わたしは神と取引をする行為に疑問を抱き、これではいわゆる御利益宗教ではないか、というような意見を言った。遠からず先生の死が来るとわかってはいても、本人の前で宗教や死の話題を避けることはしたくなかった。

読書会での話し合いが、先生の宗教への向き合いかたに影響したかどうかはわからないが、先生は洗礼を受けることを最後まで拒んだという(奥様がクリスチャンだったので、牧師が枕元を

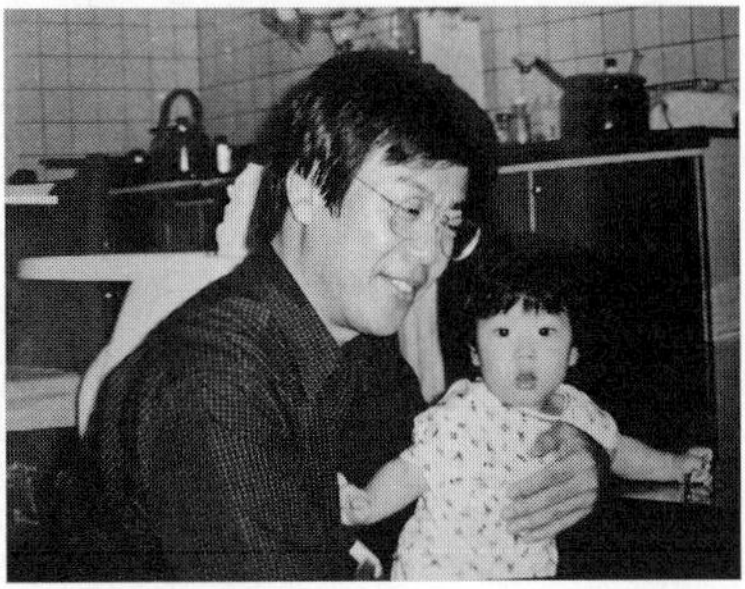

2000年，弟子のひとりに子どもが生まれたとき，会いにきてくれた

訪れ、洗礼を勧めた)。葬儀が教会で行なわれ、そうした経緯を牧師の話で知ったわたしは、もしかしたら先生は精神的に苦しまれたのではないかと感じた。せめて最期だけでも安らかな気持ちになれるのならば、宗教に身を委ねる選択肢もあったのではないか。いや、それでも自分の意志を貫いて、無宗教のまま生を終えたかったのだろうか。わたしはさながら死の練習をするように、いつか来る自分自身の最期を先生の最期に重ねてみた。

文学を語ることは人生を語ること。それがわが読書会の信条であったはずだ。それならば、死や宗教について語り

合っていたあの読書会の場で、文学を媒介にして、ご自分の思いをせめてほんの少しでも吐露することはできなかっただろうか。もしかしたら、胸の内を語るにはあまりに切実すぎたのだろうか。それとも、心のなかの最後の領域だけはだれにも見せたくなかったのか。その真意を尋ねることがわたしにはできなかった。わたしにとって、ひとたび先生と呼んだ相手は終生変わらず先生なのであって、たとえ読書会の場でも、その人をひとりの人間として見ることはどうしてもできなかった。

今でも、パソコンに向かうわたしの背後にはつねに先生がいて、訳文に悩むと、先生ならここをどう訳すだろう、とつい考えてしまう。いつまでたっても先生に褒めてもらいたい不肖の弟子なのである。

人種差別について語り合う

読書会のあと、だれかが報告を書いてメーリングリストにアップすると、それに呼応する形でほかのメンバーが情報を付け足したり、別の角度から感想を書き加えたりすることがある。このようにして、読書会の余韻を味わうのも楽しみのひとつだ。

以下は読書会後のメーリングリストでのやりとりである。

◇『ハックルベリー・フィンの冒けん』

［大人こそ味わいたい物語］

典子　児童文学の王道ということで、『トム・ソーヤーの冒険』と合わせて過去に読んだ人も多かったのでは？　とはいえ、その内容はけっして子ども向けではないのが今回わかりました。死との距離の近さ、黒人奴隷や貧乏白人の立ち位置、そして差別の多重構造。以前読んだ『ヘルプ』（キャスリン・ストケット）と重なるテーマも多く、語りまくったわたしたち。兵《へい》站《たん》部長に射殺されること間違いなしです（本書の冒頭に「告」とあり、「この話に主題を探す者は起訴される。教訓を探す者は追放される。構想を探す者は射殺される。著者の命により　兵站部長G・G」と記されている）。

訳者の柴田元幸さんはあえてひらがなを多く用いて訳しているので、やはり慣れてくるまで少し読みにくい。ちなみにハックの一人称は「おれ」、光文社古典新訳文庫版では「おいら」だそうです。

和美　後半、相棒のトムが登場してから展開が早くなり、黒人奴隷のジム救出を大冒険物語に仕立てようとするトムのやりかたには、何度も笑ってしまいました。ただ、相手のやりたいようにやらせるのがいちばん、と処世術にたけたハックや、自身は切実な状況ながら、どこまでもやさしい黒人奴隷のジムと比べると、救出劇はトムにとってはしょせんお坊ちゃまのお遊びなのだという気がしました。

ハックという少年は嘘も平気で言うし（瞬時にお話をでっちあげる才能はすごい！）、悪さもするけれど、ここぞというときには人間として誠実なヤツで、それは生まれ育った環境のせいもあるかもしれません。トムが登場したことで、ハックの人間性が浮き立った印象です。

万里子　すぐ鉄砲だの殺人だのも出てきちゃうこのアナーキーな感じは、大人になってから読んだほうが理解しやすいし、おもしろいですね。そしてハックもジムも、川の流れとともに現れるいろいろな人物たちも、そのアナーキーさのなかで、みんなすごくたくましくて野性的。アメリカの、ある種の原点を見る思いがします。ゆったりした大きな川の流れの感じ、大自然の感じも読んでいて気持ちがいい。嵐の場面もすごかったですね。

和美　「原文になにが書かれているかだけでなく、どう書かれているか、そこまで訳さなければ翻訳ではない」というのは、わが師匠のよく言っていたことですが、この作品で訳者がめざしていたのも、まさしく「どう書かれているか」を日本語に反映させることだったと思います。原文の文体やら隠語やらが伝わらないと、この作品のおもしろさは半減しますね。

［ハックやトムは「子ども」だったのか］

和美　ところで、この作品に出てくる子どもたちは、だれも「子ども」として扱われていません。読書会のときにちょっとお話しした、「昔は子どもという概念そのものがなかった」ということについて。それを取りあげているのは、フィリップ・アリエスという歴史学者が書いた『〈子供〉の誕生――アンシアン・レジーム期の子供と家族生活』(杉山光信・杉山恵美子訳、みすず書房、一九八〇年)という本です。子どもはかつて「小さなおとな」として扱われており、「守られるべき存在」「教育を受ける権利のある存在」といった意味での「子ども」という概念ができたのは近代になってからである、といった内容です。大学の授業でそのことを知ったとき、わたしはかなり衝撃を受け、価値観を揺さぶられた記憶があります。ハックもトムも、大人に守られるべき存在ではなかったし、マーク・トウェインの本には人権や差別意識といったものすら希薄だった時代の、いい意味でも悪い意味でもおおらかでたくましい雰囲気がうまく描かれていますよね。

典子　子どもという概念がなかったという時代のこと、帰宅してからもずっと考えていました。思えば『若草物語』の原題、*Little Women* もそういう意味合いで父親が使った言葉ですよね。ハックは銃を撃てるし煙草も吸うし、死を目の当たりにしても、子どもだからとケアしてもらえるわけではない（あくまで制度として、サッチャー判事あたりがカウンセラー的役割を担っているふうではありますが）。よく、現代人は成人しても未熟だと言われますが、むかしの子どもが早熟なのではなく、そもそも子どもではなかったんだ、と考えると、それがいいことなのか悪いことなのかも含めて、頭がぐるぐるしてしまいます。

万里子　和美さんがご紹介くださった本、やはりフランスのものだったんですね。「子どもという概念がなかった」ことは、大学二年のフランス史の授業で聴いていて、フランスだけかなとずっと思っていたのですが、文化文明の発達途上では、欧米のほかの国々もその傾向が強かったということなんですね（対照的に、日本は比較的子どもがかわいがられ、大事にされたという話を聞いたことがあります）。ちなみにその授業は、わたしたち女子学生憧れのフランス人マダムによるフランス語でのものだったんですが、そのすてきな先生が、「子どもという概念がなかったので、赤ん坊もかわいがる対象ではなく、大人たちはフリスビーのように投げて遊ぶことも多かった」と解説したときには教室中がどよめきました。

典子　読書会で言い忘れましたが、挿絵も味があっていいですね。キャプションは編集者がつけたのでしょうか、これまたクスッと笑える簡潔さ。ともあれ、読んでいる最中はそれほど熱くなっていたわけではないのに、感想を語りだすとなんだか止まらなくなってしまう『ハック』でした。

＝マーク・トウェイン『ハックルベリー・フィンの冒けん』柴田元幸訳、研究社、二〇一七年

◇『八月の光』

和美　なによりわたしはこの作品の重層的な構造に圧倒されて、作者の力量に感服いたしました。そして、随所に見られる、書きとめたくなるような表現に、文学的感性を強く感じました。フォークナーは従軍も許されず大学も中退し、勤めた会社もすぐやめ、社会人としては挫折が多かったようですが、持って生まれた文学の才能があったのですね。それにしても、この作品の中心的人物であるジョー・クリスマスの存在はせつない。人種の外側で生きることを望みながらもそれがかなわず、黒人としても白人としても生きる場所がないゆえに、幾重にも屈折してゆき、それを自分でも持て余し、最後はみずからを追いつめて葬らざるを得なかったのですから。その姿がわたしにはあまりに痛々しく感じられました。ともあれ実に読みごたえのある本で、これぞ文学、という気がしました。

典子　『八月の光』は文学的表現がすばらしく、いっぱい付箋をつけました。なにより息をのんだのは、第十一章でジョアナ・バーデンが身の上話をするくだり。「父が何かをあの杉林

に着せた」から「白人の子供たちは、みんな、息をしだす前から、黒い影に包まれているんだ」「赤ん坊が腕をひろげていると、影も同じように腕をひろげて、白人の赤ん坊はまるで黒い十字架に釘づけにされているよう」までの、これでもかという映像的表現の畳みかけ。ここで絵が立ちあがってくるから、クリスマスが黒人の血に引き寄せられつつ、黒人からは「白人だ」と切りすてられるジレンマがよりリアルに感じられるんですね。ほかにも、第四章の「類は友を呼ぶだけじゃなく、友は類に否応なく呼ばれてしまう」とか、第八章の、新しいスーツは「着心地が贅沢だが、身体に厳しい気がした」なんて、そのまま警句に使えそうです。

万里子　フォークナーは難解、とよく聞いていたので、おそるおそる読みだした『八月の光』でしたが、いや、わたしも圧倒されました。読みだしてすぐ思ったのは、やはり文学的表現や比喩の豊かさ、おもしろさ。比喩は、アメリカ文学を読みこまれたであろう村上春樹さんの作品に出てきそう、と思ったものがいくつもありました。粘着質系で、深くドラマチックな物語ですが、やはり作品全体にはアメリカの乾いた風が吹いているような印象を受け、その点もよかったです。

クリスマスという名前の象徴性は会でも話題になりましたが、わたしはハイタワーという登場人物も印象的でした。「高い塔」にのぼり、現実は見ない、見えない、見ようとせず過去のきらめきのみを見つづけていたハイタワー。時代の英雄でもあったお祖父さんに憧れていたというフォークナー自身が重なっていると思うと、いっそう胸に刺さります。そのハイタワーが、最後の最後に現実の場で、入れ知恵されたとおりに他者を守ろうとする姿には胸を衝かれ、感動を覚えました。

═ フォークナー『八月の光』黒原敏行訳、光文社古典新訳文庫

勉強会という名の読書会

わたしは、師匠である東江先生に翻訳学校で三年、そのあとご自宅での勉強会でも四年ほどお世話になった。月に一度の勉強会は先生のご自宅の居間で開かれ、毎回七〜八人の生徒が参加していた。なかには大阪や富山から通ってくる人もいた。勉強会のスタイルはいつも決まっており、先生がそのとき翻訳中の作品から三段落ぶんほどを課題範囲として選び、全員が自分の訳文をコピーしてきて配り、先生の指摘を受けながら批評し合う。ほんの何行か訳しただけでも、十人いれば見事に十とおりの訳文ができあがる。原文の解釈に違いが生じた場合、まずは文法から徹底的に原文を分析し、前後の流れを考えながら作者の意図を探っていく。

とはいえ、訳文を提出した段階で、すでに英文解釈はできていることが前提であるため、その場で指摘されるのはほとんどが日本語の問題だった。読みやすくこなれた訳文にするにはどうすればいいか。生徒の訳文がひとつずつ俎上にのせられ、検討されていく。全員ぶんの訳文が手元にあるので、ほかの人たちの訳文をすばやく確認して自分の誤訳をすでに悟っていたときは、自分の番が来るとあまりに恥ずかしくて、その場で切腹したくなったものだ。午前中に始まった勉強会は、昼食をはさんで(先生がコーヒーをいれてくれることもあった)夕方まで続いた。

教わったことは数知れないが、そのうちのいくつかを挙げてみたい。

① 読者のストレスを少しでも減らすべし

本を読んでいるとたまに、あれっ、と行を戻って読みなおすことがある。戻って読みなおすのはストレスであり、訳者は読者に余計なストレスを与えてはいけない。一度ですんなり読める訳文にすべきで、そのためには細やかな工夫が欠かせない。たとえば、英文では動詞が文の最初のほうに来るため、その文が肯定か否定かはすぐにわかるが、日本語の場合、肯定か否定かは文章の最後までわからないことが多く、肯定だと思って読んでいると、最後に「〜ではない」と否定の言葉が来て肩すかしを食らうことがある。それを避けるため、先生はよく「早めにウインカーを出せ」と言っていた。たとえ原文にはなくても、車のウインカーのように、「とはいえ」「ただし」などを補足し、この文がどういう着地をするか、あらかじめ読者にわからせるのだ。

② 目にも耳にも美しい文章を書くべし

先生が嫌ったのは、見た目に美しくない文章だ。たとえば「～ではないのである」と書くと、「ないのかあるのかどっちですか」とよく指摘されたものだ。「ない」と「ある」がこれほど近いのは「美しくない」という。ましてや、「あるのである」などは問題外なのである。そして、「ないわけではない」などの二重否定も先生のお気に召さなかった。「わたしは、彼は必ず来ると思う」のような入れ子構造の文も避けよと教えられた。

「娘をそっとしておいてやった」など、促音便が一行のうちにふたつもあるのは美しくないし、声に出して読んだときにどう響くかも考えなさいと教えられた。そして、不用意な漢字の重なりも注意された。たとえば「最近学校では～」「長年日本では～」のように書くと、「最近学校」「長年日本」という四字熟語のように読めてしまうので、「学校では最近～」「日本では長いあいだ」のように工夫する。

③ やまとことばを使うべし

これは最初に教わった基本中の基本。たとえば「顕著な変化の理由を明確にする必要がある」という直訳調の文は「なぜこれほど大きく変わったのか、はっきりさせなければならない」とすればぐんとわかりやすくなる。

④ 代名詞はなるべく使わず訳すべし

「彼」や「彼女」などの代名詞はなるべく使わないで訳す。そのためには視点を統一するとよいと教わった。英語の文章には主語が必須だが、日本語はそうではない。だから、原文どおり「彼が」「彼女が」と訳していると視点があっちに行ったりこっちに行ったりして、読みにくいことこのうえない。たとえば、原文の直訳がこんな文だったとしよう。「彼が立ちあがると、彼女が彼のほうに走り寄ったので、彼は逃げだした」。その場合、「彼」に視点を統一して訳してみると、「立ちあがると、相手が走り寄ってきたので、逃げだした」となり、「彼」も「彼女」も使わなくてすむし、動作の方向性やふたりの位置関係もはっきりする。

⑤ 原文の語順どおりに訳すべし

これも基本としてたたきこまれたことのひとつだ。学校の授業などでは、英文の最後の部分から「訳し上げる」やりかたを教わるが、それではあとの文章にうまくつながらない。原文の読者が笑ったり泣いたりするのと同じ順序で日本の読者が笑ったり泣いたりできるようにするには、原文の順序で訳す必要があるのだ。とはいえ、場合によっては訳し上げる形にするしかどうにも収まらないこともあり、生徒たちは「どうすりゃいいの」と頭を抱えるのだが、「結局、その場その場で判断するしかないですね」というのが師匠のお言葉だった。

生徒たちはみな、課題部分の原文を読みこみ、誤訳がないよう、そしてわかりにくい日本語がないよう細心の注意を払ったうえで訳文を提出する。それでも、先生からはたちまち矢が飛んでくる。「ここはなぜこう訳したのですか?」「この訳語の使いかたは不用意ですね」などと突っこまれながら、わたしたちはどんな訳語が最適だったのか、どう訳すのが読みやすかったのかを話し合う。ときには生徒同士、脇でこっそり「日本中で、これほど文章の細部にこだわっている人たちはほかにいないよね」「読者はここまで気にしてないのにね」などと言い合いながらも、次回こそは文句のつけどころがない完璧な訳文にしてやろう、と奮起したものだ。

翻訳をしていると、どうしても原文に引きずられてしまい、「原文にはこう書いてありましたので」と言いわけしたくなる。しかし、それは読者にとって読みやすい文章とはいえない。当時、わたしは「原文に忠実に訳す」ことと、「こなれた日本語にする」ことをどう折り合わせればいいのか悩んでいた。そんなとき、もっとも心に響いたのが、「結局、自分が読みたいと思う文章を書くしかないですね」という言葉だった。そのひとことで視界がぱっと開けた気がした。ああそうか、自分が読みたい文章を書けばいいのだ。それ以降、訳文を見なおすときには必ず、「これはわたしが読みたい文章だろうか?」と自問するようにしている。ただ、それは簡単そうに見えて実はたいへん難しいことでもある。なぜなら、自分ひとりで被告人（訳者）と検察官（読者）の役割をこなさなければいけないのだから。

翻訳というのは原文を細かく分析し、解釈していく作業である。だから、場合によっては原書の作者自身も気づかなかった矛盾や間違いにも気づいてしまう。『日の名残り』の訳者あとがきで土屋政雄さんは、訳しながら季節の描写に矛盾のあることがわかり、作者のカズオ・イシグロさんに問い合わせたところ、「間違いなので修正しておいてください」と返事があったことを明かしている。原文には意外とこういう矛盾が潜んでいるものだ。小さな矛盾があっても、読者はまず気づかない。作者でさえ気づかない。しかし訳者は気づく。訳すからこそ気づくのだ。

そして今、わたしは考えている。もしかしたらあのときの勉強会は、究極の読書会だったのではないだろうか。テーブルを囲んで互いの訳文を批評し合いながら、作品の隅の隅まで解釈しようとしていたあの時間は、とても緊張するものであったと同時に、このうえなく幸福な読書会でもあったのだ。

読書会を成功させるためのヒント⑤——問題意識を高めておく

本を読んでいると、その内容について考えこんでしまうことがよくある。人生経験が多ければ多いほど、恋愛や家族や宗教や死など、作品を自分に引き寄せて考えることが多くなるからだ。ときには、本を手にしたまま、じっと考えこんで先に進めなくなることさえある。そういう場合は、その思いを紙に書きだすとよい。文字にしてしまえば気持ちがすっきりするし、読書会での発言のヒントにもなる。本を読んで感じたことも、その場ですぐ書きとめておかないと、たちまち忘れてしまう。

とはいえ実のところ、ひとりで読んでいるあいだは話すことがなにも浮かんでこない場合も少なくない。そんなときは、たいして問題意識もなく読書会に出向くのだが、ほかの人の発言を聞いているうちに喋りたいことが次々と湧いてきて、止まらなくなる。周囲からの刺激によって、自分でさえ意識していなかった思いが掘り起こされ耕されていくからだ。

メンバーのなかには、登場人物の名前や関係性、心に残った文章や気づいたことなどを、ノートに書いてくる人もいる。だから、登場人物同士の関係がわからなくなったときには、その人に訊くとすぐに答えてくれる。ほかに、歴史が得意なメンバーもいて、時代背景を知りたいときにはその人に解説してもらう。

Ⅶ　読書会の余韻に浸る

——「読書会報告」から

読書会のあと、本の内容や話し合ったこと、議論になった点などを記録に残しておくと便利だし、余韻も楽しめる。わが読書会でも毎回、報告を書いてメーリングリストにアップしている。そのなかからいくつかを紹介したい。

人生という舞台で踊りつづける――『ドルジェル伯の舞踏会』

長かったコロナ禍を経てメンバーが一堂に会した読書会。数か月間は実際に会って話すことができず、もどかしい思いをしていましたが、ようやくいつもの読書会が戻ってきました。ただし、会場であるコミュニティセンターからの要請で、窓とふすまを開け放し、テーブル同士を離して置き、食べ物は配らず、大声を出さず、マスクを着用し、帰りにはテーブルと椅子を消毒するなどの配慮をしました。それでも、話し合いが熱をおびるにしたがって、知らぬまに声が大きくなり、メンバー同士で注意し合う場面もありました。

まずは、前回メーリングリストで感想を書き合った『ペスト』について、言い足りなかったことを挙げてもらいました。

「『ペスト』は第二次世界大戦後まもなく刊行されたこともあり、ペストという災厄がナチス・ドイツの比喩として使われているという見かたもあるが、ほんとうのところ、それはカミュの意図だったのか」という問題が提起されました。当時、サルトルも戯曲の形で体制批判をしていたことを考えれば、『ペスト』がある種の寓話として描かれたことはじゅうぶんありえますが、カミュがそれを意図していたかどうかはわからないし、「読者としてはこの作品を純粋に、「ペスト」として味わいたい」という意見が出ました。

もうひとつ、登場人物のひとりパヌルー神父が少年の死を見届けたあと、みずからも患者の世話をしてペストに罹り、すべてを受け容れて死んでいった場面が話題になりました。「罪のない子どもが苦しむのは不条理だが、神父としては、それでも神の御心《みこころ》を受け容れるしかなかったのだろう」という発言があったあと、そもそも「「罪のない子どもが苦しむのは不条理だ」という考えかた自体が底の浅い議論ではないか」という疑問が出され、クリスチャンのメンバーにも意見を求めました。すると、「キリスト教ではそもそも、罪のない人間など存在しない。人は生まれた瞬間から原罪を背負っているのだから」という言葉が返ってきました。

後半は、今回の課題本である『ドルジェル伯の舞踏会』（ラディゲ）について話し合いました。この小説は、一九二三年にわずか二十歳で亡くなった著者の遺作です。今回初めて知ったのですが、ラディゲはこの作品が発刊される前に腸チフスで急死したため、完全な校正をすることができず、親友のジャン・コクトーが原稿にかなり手を入れたとのこと。わたしたちが読んだ新訳は、コクトーの手が入る前の原文を底本として訳された作品です。

おもな登場人物は、ドルジェル伯アンヌとその夫人マオ、そしてマオに恋をする青年貴族フランソワの三人。ひとことで言えば三角関係の物語なのですが、不思議なことに、恋の告白もなければ嫉妬もほとんどなく、それどころかマオにいたっては、自分が恋をしているという自覚さえないまま時間が過ぎていきます。いかにも感性の鋭いラディゲらしく、この作品はただの三角関係の物語ではありません。一見、正直で貞淑な妻であるマオに対して、作者は「純粋な魂が無意識のうちに弄する奸計は、はたして悪徳がはりめぐらす策略より奇異でないと言えるだろうか」と問うのです。

「この小説には肉体性がいっさい感じられない。登場人物がどんな顔立ちでどんな服装かといった描写もほとんどないため、彼らの恋愛は観念でしかなく、まるで恋愛ゲームのようだ」という感想もあったほど。そう、描かれるのは三人のあいだに生じる微妙な恋愛心理だけで、初めてそこに実体がないのです。アンヌは、妻とフランソワが語り合っている姿を目にして、初めて妻に欲望を感じます。いっぽうフランソワは男性であるアンヌにも好感を持っており、そのアンヌを夫として尊敬しているマオに恋愛感情を抱くのです。ふつう、恋愛はふたりの人間のあいだで育まれるものですが、ここでは第三者がどうしても必要なのです。だれかが好きな相手だから自分も好きになる。これは恋愛に限りません。だれかが欲しがっている品物だとわかると、なにがなんでも欲しくなる、というのはよくあることでしょう。要するに、欲望とは他人の欲望を模倣したものにすぎないのです。この三人の関係を評して、「ビリヤードのよう」とだれかが口にしました。球がほかの球に当たり、はじかれることで関係性ができあがるのです。「そもそも恋愛とはなんなのだろう」という感想も。なぜ相手を好きになったのか、その根拠はどこにあるのか、そもそも根拠など存在するのか。

やがて、みずからの恋心を自覚したマオは、その想いをだれにも打ちあけられず、あろうことかフランソワの母親セリユーズ夫人に手紙を書き、「もう二度とわたしとは会わないようご子息に伝えてください」と懇願します。こんな行為はあまりに不自然ですが、母親のほうもマオに負けず世間知らずぶりを発揮し、その手紙を息子に見せてしまう。「もしかしたら、マオはこんなゆがんだ形でフランソワに愛を打ち明けたのでは。そうだとすれば、これこそ、「無意識のうちに弄した奸計」であり、彼女はうまくセリユーズ夫人を利用したことになる」という意見もありました。「マオもセリユーズ夫人も恋を知らずに結婚し、世間に疎い似た者同士に思える」という感想どおり、本文にはこうありました。「この二人の純粋な女性はまるでスケートの初心者のようだった。滑りやすいリンクの上で彼女たちは不器用さを競い合った」

あるメンバーはこんな発言をしました。「フランソワと母親の関係が興味深い。息子が母親を男の目で観察する部分にはぞくっとした。男性は女性を愛するようになると、そういえば自分の母親も女だったと思い出すのではないか」

みずからの恋心を持て余し、追いつめられたマオは、ついに夫アンヌにフランソワへの想いを告白します。しかし、夫は怒ることも責めることもなく、妻がすでに別の世界にいることにすら気づきません。「さあ、マオ、眠りなさい」という彼の暗示的な言葉で物語は終わりを告げます。このあと夫婦はどう変わるのかという話題になり、「夫は鈍感なまま変わることはないし、自我に目覚めたはずの妻も、おそらく表面上はなんの変わりもなくこの生活を続けていくに違いない」という意見が大半を占めました。

さて、タイトルには「舞踏会」とあるものの、作品のなかでは舞踏会の場面がほとんど登場しません。「もしかしたら、舞踏会というのは比喩なのではないか」という意見も出ました。登場人物たちは互いに相手を変えながら、人生という舞台で踊りつづける。いずれにせよ、コクトーがつけたタイトルだけあって、なんとも詩的です。

久しぶりに文学を存分に語り合ったわたしたちは、あらためて「読書会という幸福」をかみしめながら帰途についたのでした。

■ ラディゲ『ドルジェル伯の舞踏会』渋谷豊訳、光文社古典新訳文庫

長編をみんなの伴走で読む——『レ・ミゼラブル』

［第一部］

『レ・ミゼラブル』をきちんと読むのは初めてだったので、こんなにおもしろい本だったということがやっとわかりました。子どものころ読んだ『ああ無情』は、勧善懲悪の説教くさい話という印象だったのですが、完全版の本書はまったく違うではありませんか。第一部は、冒頭から司教の人柄を細かく描写する場面が長く続き、いったいジャン・ヴァルジャンはいつ登場するのかと少し困惑しますが、実はこの司教のゆるぎなき良心こそが、ジャン・ヴァルジャンの生涯を通じて心の支えとなるのであり、この章はなくてはならないものだったのだとあとになってわかります。刑期を終えたジャン・ヴァルジャンが行く当てもなく司教館を訪れたとき、司教は彼を温かくもてなし、なにも詮索せずただ一緒に食事をします。「説教も教訓も暗示も与えないこうしたこまやかな思いやりのなかに、ほんとうの福音書的なものがあるのでは

ないでしょうか？　また、人が心に傷をもっているときに同情を示す最もよい方法は、その傷にほんの少しも触れないことではないでしょうか？」　司教の妹が、兄の人柄について語ったこの言葉に、キリスト教の本質を見た気がしました。

いっぽう、ジャン・ヴァルジャンを執拗に追いつづけるジャヴェール刑事は悪役として描かれますが、実のところ善意と正義の人であり、民衆の代表でもあるのですね。「善にしろ悪にしろ、強い思い込みはベクトルの向きが簡単に変わってしまうところが怖い」という感想がありました。それにしても、ジャン・ヴァルジャンが裁判所に出頭するかどうか、悩みに悩む場面は心理描写が克明で第一部の圧巻と思われます。

作者は登場人物たちをさまざまな視点から描きだしており、スポットライトの当てかたが巧みです。

［第二部・第三部］

『レ・ミゼラブル』はいよいよ佳境に入り、文字どおりページをめくるのももどかしいほどに、おもしろくなってきました。

さて、今回読んだ第二部と第三部では、ワーテルローでの戦闘場面と、ジャン・ヴァルジャンが逃げこむ修道院の描写が、かなり長く続きます。「太鼓の音がやむと、理性が発言する……偶然のものは偶然に返し、神のものは神に返そう。ワーテルローとはなにか？　勝利か？　そうではない。いいさいの目が出たまでのことである」。作者は、自分自身の意見は極力控えながらも、要所要所で鋭い批判の言葉を述べています。

修道院の場面では、宗教に対する作者自身の考えかたがあらわれていて、わたしはここをとても興味深く読みました。「修道院はひとつの矛盾だ。目的は魂の救いだが、手段は犠牲である。修道院とはその結果としての最高の自己犠牲を生む最高の利己主義である」とその存在を批判しつつも、「私は、あの女たちが信じていることは信じないが、おなじように信仰によって生きているものだ」と、祈りの崇高さそのものは肯定しているのでした。そして次に、わたしがもっとも心を打たれた一文が続きます。彼女たちは「深淵と未知にあこがれ、不動の闇に目をこらし、ひざまずき、われを忘れ、おどろき、うちふるえ、ときに永遠の深い息吹をうけてなかば身を起こすのである」。考えてみれば、ヴィクトル・ユゴーは詩人でもあったのですね。ところどころに見受けられるその詩的な表現はすばらしく、思わず読み返してしまいます。

手に汗握る箇所が、今回もいくつかありました。ジャヴェール刑事の追跡を逃れて、ジャン・ヴァルジャンとコゼットが、からくも修道院に逃げこむ場面。そして、修道院からいったん外に出るため、空《から》の棺に入って墓穴に埋められてしまいそうになる場面（この章のタイトルが、「墓地は与えられるものを受けとる」なのです。うまいなあ）。そして、根っからの悪人テナルディエ（コゼットをこき使った一家のあるじ）にはめられ恐喝されるところを、隣の部屋からマリユス（コゼットの恋人になる青年）が息を殺して見つめている場面。「まるで映画を観ているように、はらはらして胸が高鳴る」という感想にみな共感しました。

マリユスの登場のしかたもかなり凝っていますが、作品のあらゆる箇所に伏線が周到に張られており、それがここぞという場面で巧妙に回収されます。偶然がすぎるという批判もありましたが、やはり読ませる手腕は見事です。

ところで、「レ・ミゼラブル」という言葉は、主人公の悲惨な境遇や運命のことかと漠然と思っていましたが、フランス語の複数定冠詞「レ（les）」があらわしているとおり、時代が生みだした不遇なる人たち、という人間群像のことなのですね。たくましく生きる悪党や浮浪児たちが、ひとりひとり名前を持って登場してくる理由もそんなところにあるのだとわかりました。

［第四部・第五部］

今回は最後まで読みました。第四部と第五部でも、「地下水道」や「武装蜂起」など、長い記述が続いて読むのに骨が折れました。しかし、物語全体をとおしてみると、時代や社会を映したあらゆる描写が、すべて必要なものだったのだとわかります。この時代を生きたおおぜいの不幸で幸福な民衆たち。主役であるはずのコゼットとジャン・ヴァルジャンもまた、激動のパリを横切ったひとつの影にすぎないのではないか。そんな意見もありました。

登場人物たちが類型的だという批判はそのとおりかもしれません。そのせいで、通俗的といわれてしまうのでしょう。コゼットとマリユスの人物像も奥行きに欠けていたように思えます。とくに、幼時の不幸に学んだはずのコゼットが、もう少し賢明であってほしかったともどかしい思いがしました。けれども、作者はコゼットに純潔な天使の役目を、ジャン・ヴァルジャンが一生分の愛情を注ぐべきかわいい娘としての役目を、与えたのかもしれません。

心理描写が秀逸だと話題になったのは、ジャヴェール刑事がジャン・ヴァルジャンに命を助けられたあと、逮捕すべきか見逃すべきかと苦しむ場面です。そして、マリユスと結婚したコゼットのそばで幸福に暮らす機会が与えられたにもかかわらず、ジャン・ヴァルジャンが自分の過去を告白すべきかどうか、激しく苦悩する場面。ここには、自分自身の良心という、なによりも厳しい裁判官がいたのです。そして、教会も教典も司祭もいっさい存在せず、ただキリストその人がいるだけでした。

文学的な描写として印象に残ったのは、鏡に映った文字をジャン・ヴァルジャンが見つける場面です。つまり、マリユスにあてたコゼットの恋文が、吸取り紙に逆向きの複写で残ってしまい、それが鏡に映って反転し、ジャン・ヴァルジャンの目に入ってしまうところ。ここは実に文学的で巧みな描写です。その恋文を読んでしまった「父親」としての、凍りつくような絶望感が苦しいほどに迫ってきます。

最後はみずから死を選ぶようにして逝ったジャン・ヴァルジャン。その枕元には、彼に良心を教えた司祭の姿がほんとうにあったのかもしれません。そして、葬られた名もなき共同墓地には、鉛筆書きのこんな詩が置かれていました。

「彼は眠る。数奇な運命に操られたが、それに耐えて彼は生きた。彼は死んだ、その天使を失ったときに。こうしたことはしぜんに、ひとりでに起こった。昼が去ると夜がおとずれるように」。この詩はもしかしたら、作者自身がジャン・ヴァルジャンの墓に置いたものだったのかもしれません。

ヴィクトル・ユゴー『ヴィクトル・ユゴー文学館　第二巻〜第四巻　レ・ミゼラブル　1〜3』辻昶訳、潮出版社

ひとりでは手に取らなかった本――『崩れゆく絆』

今回の課題本は『崩れゆく絆』。著者のチヌア・アチェベは一九三〇年、当時イギリスの植民地だったナイジェリアで生まれました。読書会でアフリカ文学を取りあげたのは初めてです。メンバーから、アフリカ文学の代表作としてこの作品を読んでおきたいという声があったのです。念のためウエブサイトの書評を見てみると、「読めてよかった」という感想が大半で、わたしの知る読書家たちも絶賛していました。

舞台は一九世紀後半のアフリカ。現在のナイジェリアが植民地となる以前の、イボ族のコミュニティを描いています。第一部はさながら口承文学のように重層的に語られ、第二部で白人が登場し、第三部ではいっきにストーリーが加速して結末へと至ります。

主人公のオコンクウォは強い男として集落に名を知られ、二つの納屋いっぱいにヤム芋を蓄えるほど裕福で、妻も三人。

読書会ではまず、独特の文化が話題になりました。「オコンクウォは、なにかにつけ妻や子どもたちを殴りつける。そうすることで、あるじとしての威厳を示そうとしているように思える。男らしさというものに異常なほどこだわりがあるのはなぜなんだろう」と問題が提起されました。「自分の父親が酒飲みで借金ばかりしている情けない男だったから、それを恥じているのでは？　父の「女々しさ」を乗りこえるために男らしさを強調したいのだと思う」。たしかに、イボ族のあいだでは勇気のない男は「女」と呼ばれ、なにごとにつけ「女々しい」というのは最悪の形容詞です。ここには過剰なほどの男性主義がみられます。

人間としての感情よりも神託を優先させる文化には、疑問の声も上がりました。「近隣の村から人質として預かってきた少年を、オコンクウォはかわいがり、自分の息子のようにして育てる。それなのに、その少年を殺せという神託があると、みずから手を下してしまう。この場面は衝撃的で胸が痛かった」という感想には、みなが共感しました。

あるとき、オコンクウォの持っていた銃が暴発して人が死に、その償いとして彼は母親の出身村で七年間、流刑の罰を受けることに。「それでも、母親の親族が力になってくれるし、親友も生活を立てなおすための資金を届けてくれる。ここには、困ったときに助け合う共同体のよさがあるように思える。一夫多妻であっても、妻たちは協力し合って暮らしているし、どの子も自分の子のように接している。人間の知恵のようなものを感じるから、単に男尊女卑などといって否定する気にはならなかった」という感想も。

さて、オコンクウォが七年の流刑を終えて故郷に帰ってみると、以前とはようすが違うことに気づきます。村に白人が入ってきて、キリスト教を布教していたのです。白人たちが村を支配していくやりかたも話題になりました。

「白人は巧妙に植民地政策を進めていく。自分たちが直接支配するのではなく、現地の人たちの何人かをまずキリスト教徒にして、彼らに部族民を手なづけていくよう仕向ける」という発言に、「そういうやりかたが一族の分断を生んで、内乱につながったりするのだと思う」という意見が続き、さらに「これは、ナチスがユダヤ人同士を分断させることで支配していったやりかたに似ている」という感想にもつながっていきました。

それでも、威圧的なオコンクウォに反感を抱いていた長男はいち早く入信します。「若者が新しい考えかたに惹かれる気持ちはすごくよくわかる」と共感の声。たしかに、キリスト教によって救われた人たちもいるのです。一族のなかで抑圧されてきた被差別民たちは、人間みな平等というキリスト教によって解放されたのですから。双子が生まれると殺されてきた女たちも、赤ん坊を殺すことを禁じる宗教に救われています。

「白人がもたらした宗教を、作者は悪いものとしてだけ描いているのではない。そこが、この作品に奥行きを与えている気がする」という感想に、みなが頷きました。

しかし、最初は融和的に布教していた白人たちも少しずつ強引になっていき、オコンクウォたちの世代はなにがなんでも自分の領域を守ろうとします。それでも、白人の巧妙なやりかたには勝てずに自滅していくのです。

そして、物語の最後は、すっかり支配の準備を整えた地方長官が、「アフリカ各地に文明をもたらした」いきさつを本にしようと考え、そのタイトルを『ニジェール川下流域における未開部族の平定』に決めるところで終わります。この終わりかたは暗示的でとてもうまい。「平定」というのは、支配者側の視点からすれば、抵抗勢力を武力で鎮圧して「平和」をもたらすということ。「アチェベ以前は、こういう視点からしかアフリカを描いてこなかったのだと思う」という意見に続き、「それを、アフリカの側から描いたところにアチェベが「アフリカ文学の父」と言われる理由があるのではないか」という感想がありました。

この作品では、部族も白人も、どちらがいいとか悪いとか評価を下しているわけではありません。現地の人たちは、一夫多妻制や理不尽な暴力や、呪術で人の生き死にを決めてしまうなど、文明社会からすればとんでもない野蛮さですが、彼らなりの規律と知恵をもって平和的に暮らしています。いっぽう、白人の側も村人を啓蒙し文明化するのはいいことだと思って善意でやっているところがあります。

ここから議論が発展し、「昔は日本も同じことをしていたのではないか。中国大陸に出かけていって街を美しく作りかえたのだから、あれはいいことだったと今でも言っている人たちがいる」という意見も出ました。

「アチェベは両方の視点から描いているところが秀逸。アフリカ人の視点から描きながらも、外から入ってくるものすべてを否定しているわけでもない」。たしかにそのとおり。両方の視点から書けるのは、著者自身が伝統的な風習が残る環境で育ちながらも、家庭ではキリスト教徒である両親のもとで文化的に育ち、高い教育も受けているからでしょう。そういう点では、フランツ・ファノンの『黒い皮膚・白い仮面』(海老坂武訳、みすず書房、二〇二〇年)に状況が似ているかもしれません。ファノンは植民地で生まれ育ち、自分を黒人として意識せずに育ったのに、パリに出て初めて自分が黒人であることをいやでも思い知らされ、白人の視線で自分自身を見るようになっていくのです。

わたしは今回、価値観とはなにかということをすごく考えさせられました。「野蛮な伝統」を「文明化」すればそれでいいのか、と。これはとても普遍的なテーマだと思います。

ひとりでは手に取らなかった本だけに、こういう本と出会えることこそ読書会の醍醐味だと改めて感じました。

‖ アチェベ『崩れゆく絆』粟飯原文子訳、光文社古典新訳文庫身捨つるほどの祖国はありや――『チボー家の人々』

裕福な実業家でカトリックのチボー家。厳格な父と、一家の跡取りとして育った長男アントワーヌ、反抗的な次男ジャックを中心に物語が展開していく。ジャックの友人ダニエルのフォンタナン家はプロテスタント。ダニエルの妹ジェンニーはのちにジャックの恋人になる。アントワーヌは医師として従軍。感受性の強いジャックは反戦活動家となってみずからの意志を貫く。第一次世界大戦前の緊迫した状況を描いた大河小説である。

全十三巻のなかでとくに印象的だった場面についての報告を取りあげてみたい。

「**少年園**」

『チボー家の人々』をここまで読んできて、このところ頻繁に考えているのは、「信仰心とはなにか」ということです。最初の回で、フォンタナン家の娘が瀕死の状態にあったとき、牧師は夜を徹して神に祈ったのですが、その祈りの言葉が、「この子を助けてください」ではなく、「すべてをあなたの御心にゆだねます。この子の命をお召しになることが御心であれば、そうなさってかまいません」というような言葉であったことにわたしは少なからず衝撃を受け、信仰心とはなんなのか、と考えました。人智の及ばない、なにか大きなものの存在にすべてをゆだねるということなら、それは宗教でなくても、「運命」と言いかえても同じなのではないでしょうか。

祈るとはどういう行為なのでしょう。「合格しますように」「健康でありますように」などと祈るのは、とりもなおさず、自分の欲望をかなえようとし、ご利益を得ようとする行為です。そして、それは他者のために祈ったとしても同じでしょう。「愛する人を救ってください」という祈りは一見、利他的であるように思えますが、結局のところそれは、愛する人を救いたい自分自身の欲求にすぎないからです。たとえ自分を犠牲にしてなにかを祈ったとしても、それもまた自分を犠牲にして欲求をかなえようとしているだけではないでしょうか。

チボー家の当主として威厳を示し、傲慢ですらあり、地位も名誉も手にしたチボー氏にとって、ただひとつの弱みは死でした。死後の安寧《あんねい》のためにこそ、彼は教会に多額の寄付をし、神との仲介役である司祭の機嫌を損ねまいとするのです。ジャックに対しては父親としての愛情を少しは持っていると思われるものの、「やっかいな次男」を少年園に隔離して自分から遠ざけ、世間体を保ちたいというのが本音だったでしょう。そのジャックを少年園から戻すよう司祭に諭されても、頑として聞き入れようとしなかったのに、最後に聖書の言葉という印籠を見せられて震えあがるのです。司祭はチボー氏の弱みを知っていたからこそ、もっとも効き目のある最後の手を使ったといいえます。身もふたもない言いかたをするなら、死後の安寧をかたに取って一種の脅迫をしている。そして、そんなふうに迫られたチボー氏は、自分にとって当面もっとも大切で、ほぼ手の届くところまで来ている学士院会員という地位を差しだそうとするのです。なぜなら、それが彼にできる最大の自己犠牲だったから。死後の安寧を考えれば、学士院会員という地位さえ差しだしてもかまわないし、あるいは、差しだす気持ちだけでも示して赦されたいと願ったのではないでしょうか。彼にとって、宗教はあくまでご利益を得るためのものでしかありません。

「美しい季節1」

ジャックとアントワーヌの違いが強調されている部分が何か所かありました。ジャックは繊細で感受性が強く、自由を愛し、権力に対して反抗心を持っており、アントワーヌのほうはいかにも長男気質で優等生的で、父親の性質を受け継いでいるところが多く見受けられます。ひとことで言えば、ジャックは詩的、アントワーヌは散文的、というところでしょうか。

前回読んだ個所で、チボー氏はなにも遺さずに死んでいくかもしれない不安を訴えていましたが、その後、子孫に遺せるものとして考えだしたのが「チボーのなかのチボー」たる証としての、いかにもりっぱそうな名前でした。チボー氏はそれですっかりご満悦のようすですが、鋭敏なジャックはそこに父の「死への不安」を感じ取っています。

アントワーヌが手術をする場面、そしてそこに居合わせた女性と恋に落ちる場面も、今回、印象的だったもののひとつです。アントワーヌのことは、作者が少々手厳しく描いているように思えますが、この年齢の男性であれば、官能に負けてしまったり自負心をあらわにしたりするのもまあしかたないかな、とわたしは今のところなるべく彼を嫌いにならないようにしています（どうしてもジャックに感情移入してしまうので）。

「美しい季節2」

フォンタナン家の父親ジェロームは愛人が亡くなる場に妻を立ち会わせ、金まで工面させて、愛人が亡くなるや、何事もなかったように家に戻ったばかりか、以前付き合っていたリネットを探しだして経済的な援助までしてやる始末。モテる男の例にもれず、彼は自分の弱みをさらけだすことを武器にして女性を口説くのでした。

ジャックとジェンニーはどちらも繊細で感受性が強く、反骨精神を持つ似た者同士であり、それは互いに認識しているし、惹かれ合っているのはたしかなのに、だからこそ、合わせ鏡のような互いの存在を素直に受け容れることができません。とくにジェンニーのほうは、ジャックに恋心を抱いている自分を拒みたい気持ちもあって、自分で自分の気持ちを持て余して苦しんでしまう。そのことを母親に訴える場面は、とても巧みに描かれていて、読んでいるこちらは母と娘の両方の気持ちがわかるだけに、胸に迫るものがありました。それにしても、繊細な少女にとって、人生とはなんと理不尽なことでしょう。

「一九一四年夏2」

今回の箇所は作品全体のクライマックスといってもいいほど、戦争前夜の高揚感が痛いほど伝わってくる感動的な場面が多かったのではないでしょうか。読んでいて、思わず自分もパリの街角をデモの群衆に揉まれながら歩いているような気持ちになりました。

歴史のページがまさにめくられようとしているときに、愛する人とその高揚感や絶望感をともにできるジャックとジェンニーの喜びもまた強く感じられる個所でした。とくに、これまでの堅い殻をついに破ってジャックに心を許していくジェンニーにとって、このひとときは幸福の絶頂ともいえる時期だったでしょう。

そして、わたしがなにより感じ入ったのは、アントワーヌが戦争に対する、あるいは動員に対するみずからの考えを苦しげに語る場面でした。これまで、出世や快楽を追求する、ともすれば利己的とも感じられた彼が、国家に対して誠実であろうとし、大きなものの傘の下にいる限りは、その大きなものに従わなければならないと言うのです。ここには、幼いころから一家の長男として育てられてきた彼の保守性がそのままあらわれている気がします。それに対して、厳格な父親やあらゆる権威に反抗してきたジャックは、あくまで純粋で自由で理想主義的です。国家の命令のもとで相手の命を奪うくらいなら自分が死んだほうがましだ。国民である前にまず人間でありたい、というジャックの誠実さもまた、幼いころから変わらないものです。誠実さの向く方向を異にする兄弟ふたりの気質が、戦争を目の前にしたときにこそ、それぞれの態度の表明として象徴的にあらわれてきたように思います。今回の箇所を読みながら、わたしの心の中にずっと浮かんでいたのは、寺山修司のこの短歌でした。

マッチ擦るつかのま海に霧ふかし身捨つるほどの祖国はありや

（『われに五月を　寺山修司作品集』）

═ ロジェ・マルタン・デュ・ガール『チボー家の人々』全十三巻、山内義雄訳、白水Uブックス

山を下りていくこと――『魔の山』

一九二四年に出版されたトーマス・マンの長編小説。主人公ハンスは、いとこを見舞うつもりで訪れたサナトリウムに、七年間も滞在することになる。その間、ロシア人のショーシャ夫人に恋をし、ユダヤ人イエズス会士ナフタ、イタリア人啓蒙主義者セテムブリーニなど個性的な人たちと交流し、第一次世界大戦の始まりとともに山を下りる。

この作品はじっくり味わおうと、四回に分けて読みました。

一回目［第一章〜第三章］

スイスの山の上にあるサナトリウムへ、いとこのヨーアヒムを見舞いに訪れた青年ハンス。彼はそこでさまざまな人物と出会い、議論し、恋をし、多彩な「住人たち」を観察していきます。療養所といいながら、まるで社交サロンのような山上の世界では、これといった事件が起こるでもなく、ハンスはややこしい会話の聞き手になったり、恋愛の真似ごとをしたりしながら単調な毎日を過ごします。やがて自分もすっかり山上の住人になってしまい、一日が一週間になり一か月になり……。さてこれから先どうなっていくのやら。「山の上で暮らす」「山を下りる」というのが、なにを象徴しているのか少しずつ見えてくるかもしれません。

二回目　［第四章〜第五章］

死と隣り合わせの環境にありながらも、死などないもののように遠ざけているサナトリウムの住人たち。それでいて、病気の重さを自慢し合い、牽制し合って、死の恐怖をごまかそうとしているのが伝わってきます。非常に倒錯したこの心境をマンがうまく描いていることに、みな感心しきりでした。死は生の一部なのに、それを見まいとするのは健康な人間であればなおさらで、わたしたちにとって死はつねに他人事なのでしょう。とはいえ、なにかにつけ死を想っていたのでは日常を生きていくことはできないのではないか。そんなことを話し合いました。

三回目　［第六章〜第七章の途中］

下巻の「メインヘール・ペーペルコルン（終わり）」までを読みました。「終わり」ってどういうことだろうと思っていたのですが、文字どおり彼の人生の「終わり」だったのですね。今回の話題はほとんど彼一色でした。それにしてもこの人物、嵐のように現れて去っていった、実に不思議で妙な魅力のある男性です。ナフタとセテムブリーニとの衒学《げんがく》的会話の毒をあっさり中和してしまうような享楽主義者で、そうであるからこそ、その享楽が存分に味わえなくなったとき、みずから劇的な形で終止符を打ったと思われます。「ハンスとショーシャ夫人との仲を見破ったところからも、豪快なだけではない繊細さを兼ね備えた人物であることがうかがえる」という意見がありました。

好青年ヨーアヒムが亡くなってしまう場面はつらいものでしたが、彼はみずからの意志を貫いて療養所を去り、短いあいだとはいえ、やりたいことをやって死んだのだから、本望だったのではないでしょうか。ヨーアヒムが亡くなる場面で、死について作者が考察しているのは、作者自身も身内の死を多く見てきたからではないか、という感想がありました。そして「時間」についての考察。これは本書のもっとも大きなテーマです。ハンスはもはや、自分がどれくらい長くこのサナトリウムに滞在しているのかもわからなくなっています。ここでは、一日も一年も変わりがないのですから（だからこそ「魔の山」なのです）。

マンは実際にサナトリウムを訪問したことがあり、そのときの経験を膨らませてこの本を書いたとのこと。これだけの人物を次々と登場させ、それぞれに個性と思想を与えて描き分けてみせる力量は恐るべきものですね。

四回目　［第七章の途中〜最後まで］

物語の最後のほうはさまざまな要素がてんこ盛りで、めくるめく展開でした。音楽、神秘主義の流行、人間関係のきしみ、それが嵩《こう》じての決闘、戦争への不穏な空気、そしてなだれを打つように行われた下山。わたしはヨーアヒムの霊を呼びだす場面が、とても印象に残りました。呼びだしたものの、ハンスは彼に話しかけることができず、好奇心から呼びだしてしまったことを心の中で謝罪します。そんなところに二人の信頼関係が凝縮されているようで、なんだか胸が締めつけられるようでした。「最後はばたばたと終ってしまった感じがする」とだれかが言っていましたが、作者はそうすることで、無理やりこの作品に終止符を打ったのではないかという意見もありました。永遠に続くかに思われた泰平の眠りを覚まさせるのは、やはり戦争しかなかったということか……。これまで取りあげたなかで、もっとも読み応えのある本だったという意見もありました。

結局、これは「魔の山」に焦点を当てながら、人生そのものを描いた作品だといえるのではないでしょうか。

═ トーマス・マン『魔の山』上・下、高橋義孝訳、新潮文庫

読書会を成功させるためのヒント⑥――話し合いの内容を記録しておく

読書会が終わったあと、話し合ったことを簡単にまとめておくと、どんな本をどんな雰囲気で読んだかという記録になる。なにについて話し合い、どんな意見が出たか。余裕があれば作品の時代背景や作者の情報なども書いておくと親切だ。メンバーでメーリングリストを作り、そこに書きこんでいけば、それを読んだほかのメンバーが感想を書きこんだりして、またひとしきりそこから話題が広がって楽しめる。なにより、読書会報告を作っておけば、欠席者も話し合いの内容をおおまかに知ることができるので、次は参加しようというモチベーションを保つのに役立つ。

おわりに――そして読書会は続く

覆面アーティストのバンクシーがこんなことを言っている。「世界でもっとも大きな罪を犯しているのは決まりを破る人々ではなく、決まりに従っている人々だ。爆弾を落として村を破壊しろという命令に従っている人々だ」

少し前に読書会でカズオ・イシグロの『日の名残り』を取りあげた。この作品は一九九〇年に日本語訳が出版され、当時、第一次イシグロブームのようなものが起きた。その後、アンソニー・ホプキンス主演で映画化もされている。わたし自身はだいぶ前に一度読んだことがあったのだが、読書会に参加するならもう一度目をとおしておこうと読みはじめたとたん、ぐいぐいと引きこまれ、ページをめくる手が止まらなくなった。今回は年齢を重ねたぶん、いっそう胸に沁みた。そうして改めて確信した。これは間違いなく名作である。

語り手は、ダーリントン・ホールという格式あるお屋敷の執事スティーブンス。長く仕えてきた主人のダーリントン卿が亡くなり、新たな主人となったアメリカ人から、しばらく休暇をとって旅をしてきたらどうかと勧められる。スティーブンスは主人から借りたフォードを運転し、イギリス郊外の美しい風景を堪能しながら、これまでの執事人生を思い返していく。いかにも執事らしい口調で語られる回想が全編を占めているため、翻訳の質の高さも作品に大きく貢献している。

スティーブンスは私情をいっさい交えず主人に忠義を尽くし、そのことを誇りにして生きてきた。同じく執事だった父親が屋敷内で危篤になっても、看取ることはせず仕事を優先させる。また、女中頭が遠回しに恋心を訴えてきても、気づかないふりをして仕事に没頭する。そんなスティーブンスの姿は常軌を逸しているように思え、滑稽ですらあるが、実はわたしたちの周囲のどこにでも見つけられるのではないだろうか。たとえば、黒いものを白いと証言することで出世していく官僚、死体を乗りこえてでも会社へ急ぐサラリーマン、土俵の上で人が倒れても女性を入れない規則を叫びつづける係員。みな、決まりを破る人たちではなく、決まりに従う人たちだ。

読書会では、まずこの作品のすばらしさをだれもが口にした。そして、イギリスの身分制度についても話題になった。執事や女中たちは、みずからの身分に疑問を持つでもなく、主人に仕えることを誇りとしている。とはいえ、「屋敷の主人もまた執事に敬意を払い、かなり気を遣っているのがよくわかった」という感想も。たしかに、ダーリントン卿は仕えるにふさわしい人徳者である。それは執事として幸せなことだ。しかし、主人が間違った選択をしたときでもそれを指摘せず、あくまでも「さようでございます」と応じる生たについては、賛否が分かれた。「執事は主人の意志を実現することが仕事である」「いや、こ判断に対しては進言するべきだ」と。

作品をとおして「品格」という言葉が何度も出てきた。品格のある執事とはーブンスは自問する。彼にとってそれは、自分の領分以外に口出ししないことで

丸谷才一氏による解説には、納得しかねる部分があった。「ステンスが信じてティ事としての美徳とは、実は彼を恋い慕っていた女中頭の恋ごころもわかての鈍感さにすぎないと判明する」とあるが、いやいや、スティーブンスは彼の、人間うぶん気づいていたはずだ。気づいていながら執事に徹し、知らぬふりをせねばな心にじゅからこその悲哀ではないだろうか。った

もしあのとき別の選択をしていたら、違う人生があったのではないか。それはだれしもまることだろう。旅の最後に、スティーブンスはかつての女中頭ミス・ケントンと会う。「彼はあわよくばミス・ケントンと今からでもやりなおせると期待したのではないか」という感想があった。ふたりで思い出話に花を咲かせたあと、彼女は「もしかしたら実現していたかもしれ

ない別の人生」について、ただ一度だけ本心を口にする。その言葉にスティーブンスは胸を衝かれる。それでも決して動揺を見せることなく「おっしゃるとおりです、ミセス・ベン」と返すのだ。

彼は人生の夕暮れに自身の来しかたを振り返る。そして、自分の人生が意味のあるものだったと言い聞かせる。だれかの役に立ち、間接的に世の中の役に立ったと納得したいのだ。たえ悔いがあったとしても、戻ってやりなおすにはあまりに多くの時間が流れてしまった
やりなおすことはできない。

わたしの父親は一介のサラリーマンだった。たいして出世もせず、活もうまくいかかった。わたしは父とはずっと疎遠で、ほとんど話をしたこなかった。人生の選択こだときに相談したような記憶もない。ふつうの父親が子どもとどう接するものなのらできなかった。離れて暮らすようになってからは会うこともまったくなくなの下で二週のまま会わずに終わるのだろうと思っていた。ところがあるとき、父とひいたのだが、末期間過ごさなければならなくなった。父は当時、姉とその娘の三人で暮のため入院することになり、がんでいよいよ介護が必要になっていた。しかし、姉もがんで手術

どうしてもわたしが介護に出向かなければならなくなったのだ。二週間ものあいだ、いったい父となにを話せばいいのか戸惑った。けれども、当時十八歳だった姪が仲介役をしてくれたこともあって、ぎこちないながら必要最低限のやりとりを交わすことはできた。わたしにはないやさしさで父に接してくれる姪の存在が唯一の救いだった。父は相変わらずわがままでわたしを何度も苛立たせたが、ある日、庭を眺めながらぼそっとこう言った。「たいした人生ではなかったな……」。わたしは不意をつかれ、とっさにどんな言葉を返せばいいのか迷った。それでも、なにか言わなければいけないことはわかった。「だれにでも後悔はある。自分の人生に満足できる人などそれほど多くはないと思う」というような言葉を返したと記憶している。父はなにも言わず、これまで丹精してきた庭をじっと見つづけていた。

今でもときおり、このときの短いやりとりが心に蘇る。父はどんな言葉を期待していたのだろう。娘に胸の内を吐露したということは、なにかしらの慰めを期待していたのではないか。もしかしたら、こんな言葉だったかもしれない。「そんなことはないよ。娘ふたりを育てたのだし、仕事だって充実していたでしょ。いい人生だったと思うよ」。しかし、それまでの親子関係からして、そんな言葉はどう頑張っても出てこなかった。だいいち、父がひとりの人間としてどんな人生を送ったのか、わたしはほとんど知らない。心にもないやさしい言葉をかけたとしても、それは一瞬の慰めでしかなく、おそらく父はふたたび人生の後悔に沈みこんでいっただろう。父の性格からして、自分自身で納得するまで気持ちが安らぐことはないはずだ。結局、父は自分を納得させることができないまま、身体の衰えに引きずられるようにして亡くなっていった。死後、デスクの引きだしから走り書きの遺書めいたものが見つかり、そこにわたしに言及した言葉もあった。「父親らしいことはなにひとつしてやれなかった……」もし人生をやりなおせるとしたら、父はどんなふうに生きたかったのだろう。

さて、執事のスティーブンスは旅の最後に桟橋で日が沈むのを待ちながら、初老の男と会話を交わす。男が言う。「人生、楽しまなくっちゃ。夕方が一日でいちばんいい時間なんだ」

スティーブンスは自分の人生を正当化し、主人に忠誠を貫いた人生には大義があったのだと言い聞かせる。言い聞かせているうちに、それが彼にとっての真実となっていく。彼は最後まで後悔の言葉を口にすることはない。しかし読者はそこから、「二度とやりなおすことのできない人生」へのそこはかとないせつなさを感じ取る。もし彼が後悔の言葉を口にしていたら、この小説は上質ながらもふつうの作品になっていただろう。語らずして語らせる。そこが作者の技量であり、見事なところである。

ひとりで本を読んでいると、途中でさまざまな感情が押し寄せてきたり、考えにふけってしまったりすることがよくある。読み終えても、その思いはまだ言葉になりきっていない。そんな、いわば半熟状態のまま、わたしは読書会に臨む。すると、読みながら考えていたことや、考えもしなかったことが、ほかのメンバーの言葉を聞いているうちに次々と自分のなかから引きずりだされてくる。三十年近く読書会を経験していても、これはいまだに不思議なことだと思う。自分の思いに言葉が与えられ、形として放出できたときの爽快さはなにものにも代えがたい。そして、話し合いが終わるころには、作品を何倍にも味わえたことに気づくのだ。ときおり、本の内容から雑談へとそれることがあっても、その雑談さえ、最後にはこれまで読んできた本のどれかに行き着く。それもそのはずだ。文学を語ることはわたしたち自身の人生を語ることとなのだから。

さて、来月はなにを読みましょうか。

カズオ・イシグロ『日の名残り』土屋政雄訳、ハヤカワepi文庫

ジョン・ブランドラー、アレッサンドラ・マッタンザ『バンクシー』高橋佳奈子訳、新星出版社、二〇二一年

【付録・読書会報告】

『失われた時を求めて』を読む

二〇〇八年十月から二〇一一年四月まで、マルセル・プルーストによる長篇小説『失われた時を求めて』全十三巻(鈴木道彦訳、集英社文庫)を二年半かけて読んだ記録。読書会のあと、その日に読んだ内容や話し合ったことなどを向井がメーリングリストで報告していました。そのなかから何回ぶんかを抜粋します。

【全巻構成】（集英社文庫版に準拠）

第一篇　スワン家の方へⅠ・Ⅱ

コンブレー

スワンの恋

土地の名・名

第二篇　花咲く乙女たちのかげにⅠ・Ⅱ

スワン夫人をめぐって

土地の名・土地

第三篇　ゲルマントの方Ⅰ・Ⅱ

第四篇　ソドムとゴモラⅠ・Ⅱ

第五篇　囚われの女Ⅰ・Ⅱ

第六篇　逃げ去る女

第七篇　見出された時Ⅰ・Ⅱ

２００８年10月23日　出席者十名

本日は『失われた時を求めて』の初回ということで、出席者が多く、ひさびさの盛況でした。第一篇「スワン家の方へ」の第一部「コンブレー」の一章について話し合いました。

幼い日の「私」は、ベッドに入っても寝つけず、母が二階に上がってきてキスしてくれるのを今か今かと待っていました。コンブレーに関してはそのような記憶しかなかった私ですが、ある冬の日、紅茶に浸したマドレーヌを口に入れたとたん、不思議な幸福感にとらわれ、家族で過ごしたコンブレーでの記憶が鮮やかに蘇ってきます。そこから、コンブレーの情景や、そこで出会った人々のことが詳細に描かれていくのです。ここはもっとも有名な場面ですね。

主人公の私は裕福なブルジョア家庭の病弱なひとり息子で、将来は作家になることを夢見ています。それにしても、彼の感受性の鋭さには驚嘆するばかり。しかも、その感覚を微に入って記憶し、偏執的なほど詳細に表現する能力は半端ではありません。むきだしの感受性そのものが記述されていくような文章は、筋を追う小説とは違って読みにくいといえば読みにくいのですが、作者の感性と同じ地平で、意識の流れに身を任せるように読んでいけばよいのではないか、という意見がありました。早く先に進みたい(進まないと忘れてしまう！)わたしでしたが、「もっとじっくり味わって読むべきだ」と叱られてしまいましたので、ゆっくり進むことにしました。

夢とうつつのあわいをたゆたうように、しばしプルーストの世界に浸ることにいたしましょう。

２００８年12月19日　出席者七名

今回は「スワンの恋」の真ん中あたりまでを読みました。全編の中でも「スワンの恋」はちょっと特殊なようで、これだけを取りだしても小説として楽しめる内容です。「コンブレー」のときとは違って三人称で距離を置いて描かれているため、そういう意味でも読みやすかったのではないでしょうか。

とはいえ、やはり筋を追っていっても意味がない小説であり、その特徴はなんといっても詳細な心理描写です。サロンを主催するヴェルデュラン夫人と「信者」たちとの心理的かけひき、貴族への嫉妬心、滑稽なまでのスノッブぶりなど、おもしろいとはいうものの、サロンのようすなどは読んでいるだけで気疲れてしまうほど。

そして、スワンが高級娼婦オデットに対する恋心を、みずから苦しみを課すようにして「作り上げて」いく描写は、見事というほかありません。恋を燃え立たせ、それを持続させるためだけにこまでやるかというほど自分をわざと追いこみ、追いこむことをどこかで楽しんでもいるものの、そのうち余裕がなくなり、本物の嫉妬のとりこになってしまう。なんと倒錯した恋愛だろうと思っていました。

けれども、こういう心理というのは実のところ普遍的なものなのかもしれません。ふつうの恋愛小説が恋愛をおもてから描いたものだとすると、これは心理だけにスポットを当てて異様なほど詳細に描いた、いわば裏からみた恋愛小説といえるのではないか、という意見を聞いて新しい視点を得ました。なるほど、あれはふつうの恋愛だったのか。

彼にとっては、恋と社交とが生活のほぼすべてであるがゆえに、精力を傾ける対象として保っておかなければならず、そのためになんと多大な努力が必要だったことでしょう。

　読書会の帰り道、井の頭公園は昨日もまだ紅葉が美しく、冷気に冴えて遠くの木々がターナーの絵のように見えました。みなさまよいお年を。

2009年1月22日　出席者十名

　今回は、「スワンの恋」の最後までと、第三部「土地の名・名」を読みました。

　観念でむりやり作り上げた恋に、みずからを追いこむようにしてのめりこみ、苦しむ自分を観察しながら、さらに恋を育ててきたスワン。その恋の潮時もまた、周到に計画していたようにさえ思えました。観念で作り上げた恋と実際の恋を同時進行させ、そのふたつに差がなくなったところで恋を消滅させた、という解釈もありました。それにしても、夜会で耳にする音楽から、あふれてくるようなイメージを言葉に紡ぎだす、その豊穣さには圧倒されます。

　この小説は行間を読む必要がない、という意見がありました。なるほど、行間などというものが存在する余地もないほどに、意識にのぼることはすべて、そして意識下にあることまでもすべて言葉にしてしまう。読者は人称も時制も関係なく、差しだされた言葉の海に身を預けていればよいのだから、そういう意味では「読みやすい」のかもしれません。

　「土地の名・名」では、バルベックやヴェネツィアといった地名から、「きっとこんな場所に違いない」という私のとめどもない想像力があふれだし、それだけでひとつの物語ができそうなほど。ここでは私とジルベルトとの恋が語られるのですが、スワンの恋を雛形としたかのように、苦しいほど詳細な心理描写が続きます。

しかし、「スワンの恋」の最後では、スワンのオデットへの恋心は冷めたはずだったのに、ジルベルトはスワンとオデットとの娘だというではないか！　なぜそんなことに……。その説明はこの先どこかで出てくるのでしょうか。

そして最後の場面では、語り手がいつのまにか現在の私になっており、遠い昔を回想する視点に移っているのです。知らぬ間に物語の外側にすっと出て、そこから見ているかのように。

2009年2月27日　　　　出席者十名

昨日の読書会は非常に盛り上がり、充実していて時間があっというまに過ぎたような気がします。今回は「花咲く乙女たちのかげにI」の第一部「スワン夫人をめぐって」の半分くらいまでを読みました。

スワンのオデットへの恋心が冷めたところから一転して、ふたりは夫婦になり、その娘ジルベルトに対し、まるでスワンとオデットとの恋愛をまねたかのように、私が恋をする場面が続きます。とはいうものの、私が官能的な憧れを抱くのは、ジルベルトの向こう側にいるオデットなのです。オデットのイメージをみずから作り上げたり、またそれを壊したりしながら、私はスワン家の奥へと足を踏み入れていくのでした。

華やかな交際に彩られていたスワンの人間関係は、いまやオデットに合わせたものとなり、彼はその生活にすっかり満足して落ち着いているようにも見えます。

スワンはスノッブだったのか、そうではなかったのかという疑問が出ました。上流階級との交際を隠すことまでしていたのは、実のところ権威を強烈に意識しているからこそであり、スノッブの最たるものだったとも考えられるし、そういう立場にありながらも、もともと上昇志向がなく、権威にも関心のない趣味人だったとも考えられます。だからこそ、つねに心をかき立てる新たな対象を作りださずにはいられないのでしょう。

サロンについても話題になりました。働く必要のない人たちにとって、サロンは唯一の生きがいであり仕事であり、それを取り仕切るのは女主人の役目でした。そこでは機知や教養が必要とされるため、オデットもまた彼女なりに努力したようです。スワンの妻という地位を得た彼女にとって、至福のときだったに違いありません。

『失われた時を求めて』という小説は、「なぜ書くのか」ということそのものを書いた小説であり、「時空間や人称をも超えて、作者が自己顕示的に自分の書きたいことすべてを実験的に書きだした小説ではないか」という意見がありました。そういう意味では、このような体裁の作品は二度と書かれることはないのでしょう。

早くも予言されたスワンの死、かすかに告げられたアルベルチーヌの名。今後の展開に向けて、いたるところに伏線が張られており、先を読まずにはいられないほどに、わたしたちはもはやプルーストの迷宮深くに入りこんでしまったようです。

２００９年４月23日　出席者八名

今回は「花咲く乙女たちのかげにⅡ」の三分の一までを読みました。

祖母とともにバルベックに滞在している私は、ここでさまざまな人たちと出会います。祖母の友人ヴィルパリジ夫人、私の親友となるサン＝ルー、そして今後、重要な役割を果たすシャルリュス男爵、ユダヤ人のブロック一家など。

とくに美男でおしゃれで危険な匂いのするシャルリュスは、出会いからして強烈な印象を残します。私を食い入るように見つめてくるその視線、深夜、私の部屋に本を届けにきたときの意味深な振る舞い。彼は早くも、美しく知的な若者である私を、欲望の対象として狙い定めたように思われてなりません。

さて、私と祖母がヴィルパリジ夫人とともに馬車で出かけたときのこと、道の向こうに三本の老木が立っていました。私はそのようすを眺めながら、コンブレーで教会の鐘塔を目にしたときに似た幸福感にとらわれるのです。「思考による思考自身への一種の働きかけを要求」してくるこのインスピレーションによって、私は「自分自身の内なる三本の木」へと思考を集中していきます。それは過去の景色のようであり、夢のなかの風景のようでもある。あるいはこの散歩自体が物語で、その物語から目を上げたときに見いだす現実こそが三本の木なのかもしれないと感じるのでした。

この三本の木はなにを意味しているのか、ということが話題になりました。現在、過去、未来という時間ではないかという意見もありました。この場面をひとつの区切りとして、物語はしばらく現実だけを描写していくことになる、という指摘もありました。

やがて、私は三本の木から離れていきながら、その正体をしかとつかめない悲しみにひとり深くとらわれます。この場面が、最後の「見出された時」で文学の意味を見つけだす場面へとつながっていくことになるのです。

さて、この小説は最後が最初へとつながる、いわば蛇が自分のしっぽを飲みこんだような構造になっているため、複雑に伏線が張り巡らされて、最後の「見出された時」へと収束していきます。早くそこへたどり着きたい！　とりあえずそれまで無事に生きていられるよう、各自、摂生に努めてください。

2009年7月23日　出席者十名

「ゲルマントの方I」の百五十ページあたりまでを読みました。

前回までの、アルベルチーヌへの恋心はどこへやら。相手の年齢や身分を問わず、たちまち恋をしてしまう私は、いまやゲルマント公爵夫人に夢中で、憧れを募らせています。オペラ座では彼女の優雅な姿を追い、散歩道ではさりげないふうを装って、ストーカーまがいの追っかけまでしてしまうありさま。そのくせ、「私たちが名前に対応する現実の人物に近づいてゆくと、妖精は衰弱してしまう」などと言い、憧れの対象との距離感はまたしても微妙で屈折しているのです。

オペラ座で「フェードル」を鑑賞したとき、大女優ラ・ベルマに対する見かたが二度目にして変化した、というくだりはなかなかに哲学的で、「美を認識するとはどういうことか」を考えさせます。はじめて観たときには、とにかく美しさの観念に到達することが美しさを認識することである、という思いが強すぎて、感覚で捉えることができなかった、ということがわかったのです。とはいえ、感覚もまた言葉によって場所を与えられるものである以上、そのことがわかったのは二度観たからこそだ、ともいえるのではないでしょうか。

このあたりの心理は、感覚的にとてもよくわかります。余談ですが、わたし(向井)は毎年桜を見るとき、どんなに振り仰いで桜を見ても、「見た」という気になれなくて、どこまで視界を広げて、あるいは熱を込めて見れば「見た」といえるのかわからなくなることがあります。どこかで、「ああ、きれいだ」と言葉にして観念に落とさないと安心できないとでもいえばいいでしょうか。

次回はちょっと頑張って四百ページくらいまで。今年じゅうに「ゲルマントの方」を終わらせる予定です。きっぱり！

２００９年10月23日　出席者六名

今日の箇所は、祖母の死についてのエピソードがあったからか、読みやすく感じました。愛情深かった祖母を失う私自身の悲しみはもちろん、母親の悲嘆ぶり、みずからの苦しみを家族に悟らせまいとする祖母の心情など、胸に迫るものがありました。臨終の場に居合わせるひとりひとりに対して、私は鋭い視線を向けていますが、女中のフランソワーズにはとりわけ辛辣で、「苦しみもがく肉体を見たときに感じる興味を隠しておくという恥じらいも欠いている」というのです。とはいえ、そうした残酷な興味は人間の本質であるともいえるわけで、ほかの人たちはそれを上手に隠しているだけだという感想もありました。祖母の臨終という取りこみ中に堂々と現れるゲルマント公爵にも呆れますが、社交界では優先順位がふつうとは違うので、彼らにとってはなんの不思議もないことなのでしょう。

さて、ゲルマント公爵夫人にあれほど執着していた私ですが、いさめる母親からのひとことで熱が冷めてしまう（このあたり、説明がなく理不尽だという意見あり）。ところが、執着がなくなったとたん、公爵夫人からていねいなお誘いを受けることになります。情熱を注ぐ者と注がれる者との力関係の交代というこのパターンは、「スワンの恋」から一貫してみられるものです。

ところで、私の女性遍歴はエンジン全開の様相を呈してきました。もはや愛情を感じないにもかかわらず、アルベルチーヌの姿を見るやベッドに引きずりこみ、本命が不首尾に終わったときの「補欠」として彼女をとっておこうとします。そして、本命のステルマリア夫人とデートできそうだとなると、頭のなかは妄想でいっぱいになり、いつもながら観念で恋をする男としては、それだけで幸せの絶頂に……。しかし結局、相手は(なんと!)断りのしらせをすることすら忘れていたとわかり、涙にくれることになるのです。さもありなん。少しはおのれを知るがよい!

2010年6月24日　　出席者六名

今回は「ソドムとゴモラII」の後半を読みました。この箇所は読みやすかったしおもしろかったという意見が多くありました。語り手の私が周囲の観察だけでなく、自分自身の心理を描写していたことも印象的でした。

そろそろアルベルチーヌと別れようかと思っていたそのとき、彼女が同性愛者ヴァントイユ嬢の友人と親しい関係にあるという決定的な事実がわかってしまいます。私は非常なショックを受けるのですが、「同時にこのとき、私は自分の覚えたおそろしく大きな苦悩について、ほとんど誇らしいともいえる気持、ほとんど喜びにも似た感情を抱いた。それは人が何かのショックを受けて跳び上がったために、どんなに努力しても上がれない高い地点に到達してしまったような感情だった」というのです。

アルベルチーヌが同性愛者であることが決定的になった今、私は彼女とぜったいに別れない決心をするのです。これはとても逆説的なのですが、男性を相手にしたときとは較べるべくもないほどの嫉妬、同じ土俵で闘えない相手への嫉妬であり、最大級の障害があらわれたからこそ、彼女を離せなくなったのでしょう。

そして、もうひとつの嫉妬といえば、シャルリュスとモレルのあいだの、どろどろとした嫉妬がありました。シャルリュスがジュピヤンにお膳立てさせ、モレルとゲルマント大公との逢い引きを覗き見しようとする場面。ああ、まるで悪夢のよう……。いったいなぜジュピヤンがこんな役を務めさせられているのか、上下関係はないはずなのに、という疑問がありました。シャルリュスはモレルに、愛されている自分の地位を下男に奪われるのでは、という嫉妬心を起こさせ、それをうまく利用していました。それにしても、シャルリュスはモレルひとすじというわけでもなく、若い男とみればだれにでも目を付け、ブロックにまで近づこうとするのです。このあたりの、自尊心ゆえのひねくれた画策のしかたは読んでいて哀れになるほど。

さて、いよいよ次回はアルベルチーヌが私に「囚われる」ことになります。はたして、アルベルチーヌはこれまでほんとうに私を愛していたのでしょうか。失恋したという私を慰める彼女のほんとうの気持ちはどこにあるのか、ここまでの描写からは読みとることができませんでした。私にとって、あくまで「いとしい人は、私たちから数歩離れたところにいるのではなく、実は私たちの心の中にいる」のであって、自分で創造するものなのです。だから、どんな女性を相手にしても、自分の愛に似たものを発見できなかったのだろう、という感想がありました。

今日は見学のかたがひとり来てくださいました。続けて来てくださるといいな、と思います。

2010年11月25日　　出席者七名

「逃げ去る女」の半分を読みました。

今回の箇所は語り手の独白というか、心理描写だけが延々と続き、すごく読みにくかったという意見もありましたが、わたしとしてはいちばん好きな箇所でした。これまででもっとも観念的で内省的だったといえるかもしれません。なぜ好きだったかというと、ここに至って今までの恋の駆け引きがすべて種明かしされるからであり、この章がなによりも濃厚な愛の告白とも思えたからです。

これまで私はアルベルチーヌをもう愛していない、と何度となく口にしていましたが、それは恋愛感情を持続させるためであり、ほんとうのところは、かくまで強く彼女を愛していたのです。しかし、それは彼女が死んだからこそ愛情になりえたのだと考えることもできるでしょう。

自分が恋しているのを発見するためには、別れることが必要なのであり、戦争の重大さを知るためには平和な状態になることが必要なのです。光を知るためには闇が、生を知るためには死が必要なのと同じです。今回読んだ箇所には、このことが何度も語られていました。

語り手である私に、女性たちがなぜこうも惹かれるのか、やはりよくわからないし、彼の行動も心理も異常で偏執的です。しかし、この文章はあくまで私の内面から描かれたものであるため、異常と思えるほどにみずからを抉《えぐ》っているのであり、もしかしたら、人間の心の動きをことごとく描きだしたらこうなるという普遍性も持っているのではないでしょうか。また、プルースト自身、愛人の死に際して味わった苦しみを、アルベルチーヌの死に置き換えて吐露することで、自らを癒やしたのかもしれません。

アルベルチーヌがもう死んだというのに、なんとか真実を知ろうとする私。それは、真実を知る苦しさこそが、アルベルチーヌとの絆を深めるよすがとなるからなのです。

2011年2月24日　出席者八名

「見出された時I」の最後までを読みました。たどり着きたかったところへようやくたどり着いた、という深い喜びを味わえる、実に充実した箇所でした。

紅茶に浸したマドレーヌ、教会の塔、三本の木、七重奏曲、ブーツのボタン、とこれまでも無意志的記憶(意識せず偶然に現れる記憶)に捉えられる場面がありましたが、その幸福感の理由が私にはまだわからずにいたのでした。今回はゲルマント邸に入る手前で敷石につまずいたとき、ヴェネツィアの寺院でつまずいた記憶が蘇ります。またも同じ幸福感に襲われたことによって、私はその理由をようやく知るとともに、小説を書くことの意味をも見いだします。書くことの根拠を見つける、ここはもっとも重要な場面です。

無意志的記憶が幸福につながるのはなぜか、ということが話題になりました。「失われた時」と「見出された時」の接点は時間の外にあったのであり、自分が時間を超えた存在であると感じることで、年老いて死ぬという時間軸のなかにある「死」への恐怖から逃れることができるのです。「時間の外に位置している以上、いったい彼が未来の何を恐れることがありえようか?」

無意志的記憶はそれだけでは「陰画」にすぎず、それを現像してはじめて「捉えられるもの」となるのであり、それがすなわち言語化し、小説に書くということなのです。

しかし作家のなかには、感性という核を持たずにただ知性で書く人も多く、語り手はそれを批判し、「芸術の独身者」と呼んでいました。

「すべては精神のなかにある」というのも重要なテーマのひとつでした。恋の相手も、人の性格や外見も、見る人の側にあるのであって、確たる実体が存在するわけではありません。

今回の箇所は、作者がこれまで長々と書いてきたことの総決算のようであり、ためていたことが一気にあふれだすところなので、読んでいるほうは溺れそうになります。サロンの退屈な会話も、みずから苦悩を求めた恋も、ヴェネツィアへの旅も、すべてはここへつながるために必要な要素だったのです。

ほかにも、サン＝ルーの死やジュピヤンの男娼ホテルの場面など、話題になったところは多くありました。ジュピヤンに世話をされるシャルリュスの姿も印象的でした。

小説は自分の外側にあるものを書くのだと思いこんでいた語り手はこれまで、自分には才能がないと感じていたのですが、実はわれわれの内部にのびている部分を書くことこそが小説であり、それを無視している文学のなんと多いことか、と批判する。たとえばサント・ブーヴに対するそうした批判が、この小説を書く動機になっているのでした。

「私がこれから書こうとするもの」という言葉を読んで、「ああ、彼はこれから小説を書きはじめるのだ、この小説を……」と、めまいのようなものを感じてしまいました。

2011年3月24日　　**出席者七名**

「見出された時Ⅱ」の半分までを読みました。

久しぶりにサロンを訪れた私は、以前から知っていた社交界の人々のあまりの変わりように驚くのですが、最初はそれが老いによるものだと思わず、見事に仮装している、と感じたほどでした。このあたりの表現は秀逸だという感想もありました。遠目にはさほど老いていないと感じられた人たちでさえ、近づいてみると容貌の衰えは目を覆うばかりで、その醜さを克明に描きだすやりかたは、語り手独特の辛辣さです。

容貌だけでなく、ある人たちは性格まで変わってしまい、怒りっぽい人がすっかり丸くなっていたりするのですが、それは、あくまでその人を怒りっぽいと捉えていた語り手の見かたにすぎなかったのかもしれません。

そして、社交界での地位もすっかり変化していました。ヴェルデュラン夫人がいつのまにか再婚して、ゲルマント大公夫人に収まっていたのにはびっくり。最後になって、このあまりの急展開に、読者はちょっとついていけません。

次回はもっとすごいことになりそうなのです。

時を超えたところに身を置こうとしたとたんに、時のきびしい洗礼を受けてしまったのが今回なのであれば、次回その「時」はどう収まりをつけて終わりを迎えるのでしょうか。とても楽しみであるとともに、これで終わってしまうのかと思うと、少し寂しい気もします。いよいよ次回で最後です。しみじみ……。

2011年4月28日　出席者九名

コンブレーで聞いていた小さな鈴の音が、今も私の耳に鳴り響いている。「あの鈴の音をもっと耳のそばで聞こうとすれば、私は自分自身の内部にふたたび下りてゆかねばならない。つまりこの鈴の響きは常にそこにあったのだし、また、その鈴と現在の瞬間とのあいだには、無限に広がる全過去、私が自分で持っているとも知らなかったこの過去があったのだ」

今回は、『失われた時を求めて』の最終回、「見出された時Ⅱ」の最後までを読みました。

サロンで出会う人たちは、だれもがひどく容貌を変え、その地位も変わっていて、私を愕然とさせるのでした。とはいえ、私自身もまた、自分では気づかないうちに、時を内部に蓄えて生きてきたのであり、いよいよ物語を書き始めようとしたときには、すでに壮年になっていて、はたして書き終えることができるのかどうか、不安にさいなまれるのです。これは、プルースト自身が病弱であったことや、物語の最後あたりには、実際に書き終えられるかどうか、切迫した不安を抱いていたこととも深く関わっていたと思われます。

ここまで平面的に書かれてきたことが、最終巻では時間によってそのすべてが立体的になり、奥行きを持ったものになった、という意見がありました。この一巻のなかに、これまでのすべてが凝縮されているような印象もありました。

作者であるプルーストが物語を書き終えたところで、語り手はこれから物語を書き始める。物語を書くとはどういうことか、そのこと自体が物語として語られる、その壮大な仕掛けが、最後まで読んではじめてわかるという巧みさ。組み立てられた伽藍を見上げた読者は、その緻密さと絢爛さと周到さにめまいを感じずにはいられません。

最後のページにたどり着いて、左目で「完」という字を見てしまったとき、ああ、これで終わりなのだ、となんともせつない気持ちになりました。ともあれ、最後まで無事読むことができ、安堵しました。ひとりで読んでいたら挫折していたかもしれないと思うと、みなさまとともにゴールできたことを感謝いたします。

フランスでは、『失われた時を求めて』を読了した人は名刺にその事実を記載してよいと言われるほどだそうです。みなさま、二年半お疲れさまでした。

あとがき

そういえばまだナボコフを読んでいない、と思い出してしまった。そうだ、ナボコフだ。ナボコフを読まなければ。代表作『ロリータ』は「死ぬまでに読みたい外国文学100冊」などというリストには必ず入っているではないか。そこで、「次は『ロリータ』を読みませんか」と提案してみた。というわけで、ついに『ロリータ』(若島正訳、新潮文庫)が読書会の課題本になった。すると、あら不思議。これまで気になりながらもなんとなく敬遠してきた本が、ひと月で読めてしまった。わたしはまたしても読書会の威力を思い知った。ふつうの生活をしていれば、この日までに必ず読む! という「読書の締め切り」などまずない。だから、まあそのうちにねと後回しにしてしまう。しかし読書会なら、課題にさえしてしまえば、ひと月後にはその本を読み終わっていることが確定なのである。

『ロリータ』は、自分ひとりだったら、おそらく最初の数十ページで挫折していただろう。言葉遊びが多くて、そのうえ現実なのか幻想なのかわからない描写が頻繁にあらわれる。なにより、中年男が少女をわがものにして連れ回すという、まともに考えれば犯罪的な行為に、やりきれない思いがしてくる。それでも、読書会の日までには必ず読了すると決めてしまえば、あとは猛然と読むだけだ。バスのなかでも読む。病院の待合室でも読む。途中からは言葉遊びがおもしろくなり、まるでプルーストのような表現の緻密さに感嘆し、ボリス・ヴィアンの『日々の泡』(曽根元吉訳、新潮文庫)を彷彿とさせる幻想や妄想の冗舌さに舌を巻き、常識や道徳の枠を超えたアナーキーさが痛快にさえ思えてきた。

さて当日の読書会は、久しぶりに参加したメンバーも含めて八名が集まった。「読むに耐えなくて途中でやめた」というメンバーもいた。しかしそこから、「作者はなぜこんな人物を意図的に作り出したのか」という議論になった。そして、「想像していた内容とはぜんぜん違っていた。これほどユーモラスな小説だったとは」という感想や、「まるでアメリカのコメディドラマのようにぶっ飛んでいる。ありえないことが次々に起こって、そのせいで背徳性が陰湿に流れず、あくまで乾いた印象」という意見があり、「乾いた印象になるのは、ユーモアもさることながら、主人公ハンバートによる一人称の語りに、ときおり自分をおちょくるような三人称の視点が混じる「部外者性」があるからでは」との補足があった。それに対して、「そういう視点で自分を弁明しているところがまた卑劣だ」という反発も。「少女のほうもただ隷属しているだけではなく、したたかにやり返している」「このふたりの丁々発止の会話はおもしろい」など、議論はつきることなく二時間続いた。印象的な一節をだれかが挙げると、みながいっせいにページをめくる。ひとりの感想がほかの意見や反発や賛同を呼び、それがまた次の感想につながっていく。喋りたいことが次から次へと湧いてくるのだ。

『ロリータ』を読んだ翌月は、その流れで『テヘランでロリータを読む』(アーザル・ナフィーシー、市川恵里訳、河出文庫)を課題本に取りあげた。欧米に留学経験のある著者が、故国イランのテヘランに戻って大学で文学を教え、その後は自宅に生徒たちを集めて読書会を開く。テヘランでは、欧米の本を入手したり、人が集まったりすること自体命がけだ。

文学を語るとき、政治的状況を切り離すことができないのはよくわかる。それでも、彼女たちの議論がいつまでも文学を味わう段階に行かないことが、しだいにもどかしく思われてくる。つまり、著者が読書会で取りあげた『ロリータ』では、もっぱら倫理性に焦点が当たり、『グレート・ギャツビー』(フィッツジェラルド)では物質主義の罪というところばかり糾弾されて、そこから先の文学的な議論になかなか到達しないのだ。こうした状況にあって、文学を語り合う意義とはなんだろう。わたしたちの読書会でも、文学を味わうとはどういうことかという議論に発展した。

『テヘランで〜』の著者は言う。「どんなことがあっても、フィクションを現実の複製と見なすようなまねをして、フィクションを貶《おとし》めてはならない。私たちがフィクションの中に求めるのは、現実ではなくむしろ真実があらわになる瞬間である」。そう、それこそが文学の力だ。たとえどんな状況に陥っても、いや、ぎりぎりの状況であればなおのこと、「真実」を求めて人は本を読もうとする。そして、読んだ本について語り合おうとする。

読書会は民主主義の象徴のようなものだ。独裁者は人民が集まることをなにより嫌う。たとえば『ガーンジー島の読書会』(上・下、メアリー・アン・シェイファー、アニー・バロウズ、木村博江訳、イースト・プレス、二〇一三年)という作品は、第二次世界大戦中ドイツ統治下のガーンジー島で、夜間外出禁止令のもと、島民が読書会という名目で集まる。最初は名目だけだったが、しだいに自分たちで本を持ち寄って語りはじめ、いつしかそれが彼らの心の拠り所となっていく。

しかし、そういう状況はあくまで特殊だろうとわたしたちは思っていた。まさかこの日本で、自由に集会ができなくなる日が来るなどとは想像もしていなかった。ところが、それはウイルスのパンデミックという意表を突く形でやってきた。人びとの集会を阻む原因が、政治的状況や戦争のほかにもあったとは。それでも、わたしたちは読書会の灯をたやさないよう、課題本を決めて本を読みつづけてきた。これもまた、わが読書会の長い歴史に刻まれたひとつの出来事である。

本書は岩波書店の雑誌『世界』に二〇二〇年一月号から二〇二一年八月号まで連載された原稿に加筆し、さらに付録として『失われた時を求めて』の読書会報告の抜粋と、三十五年間に読んできた本のリストを加えたものである。

原稿を書くうえでいちばん大事にしたのは、わたし自身の人生が百年前の文学作品と深く結びついていたのを示すことだった。そして、「本を語ることは人生を語ること」を通底するテーマにしたいと思った。

本書のタイトルについて編集者と相談していたとき、わたしが候補としていた「読書会という幸福」では内向きでアピール力が足りないのではないか、もっと読者を引きこむような動きのあるものにしてはどうか、という意見が編集会議であがったと教えられた。たとえば、「読書会へのいざない」のように。しかし、わたしとしてはなんとなくしっくりこない。なぜだろうとよくよく考えてみると、実のところわたしは本を人に勧めたり読書会にいざなったりする意志があまりないのだと気づいてしまった。司書という職業柄、「本を読みましょう」「ひとりでも多くの人に読書会のすばらしさを」などと口では言っておきながら、むしろ自分がほんとうに好きなものはあまり多くの人に知られたくない、という倒錯した想いさえかすかに持っている。よさをわかってくれる数人とだけ共有できれば、わたしにとってはそれがいちばん幸福なのだ。要するに、わたしは自分がしたいことをしたいだけであって、ちっとも教育的な人間ではないのである。

そのうえ、本書はタイトルに負けず劣らず中身も内向きである。だからいっそのこと、「勝手に読書会という幸福に浸っている図」が描き出せていればよいと思った。案外、そのほうが結果的に興味を持ってくれる人がいるかもしれないではないか。とはいえ、本は手に取ってもらってナンボだ。だから、アピール力がなさすぎて手に取ってもらえなかったら、岩波書店には「すみません」と謝るしかない。

読書会についての文章を最初に依頼してくださった『世界』の熊谷伸一郎編集長に深く感謝している。ご自身も情熱を持って読書会を主催しておられるだけに、読書会への理解が深く、毎回励ましていただいた。そして、本書の編集者である岩波書店の上田麻里さんには大変お世話になった。筆者の想いを最大限かなえようと尽力してくださったことに、心から御礼申し上げたい。わが読書会にもわざわざ足を運んでくださるほどの行動力や知識の幅広さには感服したし、文学への情熱も共有することができたと感じている。イラストレーターの夜久かおりさんは、連載時に毎回すてきなイラストを描いてくださり、今回も章扉にその何枚かを使わせていただいた。わたしは夜久さんの叙情的な絵が大好きになり、今では譲っていただいた原画を横に置いて仕事をしている。

そしてなにより、長きにわたってともに本を読んできた読書会メンバーに感謝を捧げたい。ひとりひとりがそれぞれの日常を生きながら、月に一度集まって本を語り合う。人間の内面へと深く入っていくその営みを積み重ねることで、メンバー同士に自然と信頼感が生まれてくる。読書会はいまや、わたしの人生に欠かせない大きな柱のひとつだ。これだけ多くの本を読了できたのも、みなで一緒に読めたからである。どれほど取っつきにくい本でも先入観なく受け容れ、どれほど忙しくても必ず読み終えてくる「永遠の文学少女たち」を、わたしは心から尊敬している。

二〇二二年五月

向井和美

岩波新書より

文学

万葉集に出会う　大谷雅夫
大岡信　架橋する詩人　大井浩一
源氏物語を読む　高木和子
『失われた時を求めて』への招待　吉川一義
三島由紀夫　悲劇への欲動　佐藤秀明
有島武郎　荒木優太
ジョージ・オーウェル　川端康雄
大岡信『折々のうた』選　詩と歌謡　蜂飼耳編
大岡信『折々のうた』選　短歌(一)・(二)　水原紫苑編
大岡信『折々のうた』選　俳句(一)・(二)　長谷川櫂編
日曜俳句入門　吉竹純
短篇小説講義〔増補版〕　筒井康隆
日本の同時代小説　斎藤美奈子
武蔵野をよむ　赤坂憲雄
中原中也　沈黙の音楽　佐々木幹郎

戦争をよむ　70冊の小説案内　中川成美
夏目漱石と西田幾多郎　小林敏明
『レ・ミゼラブル』の世界　西永良成
北原白秋　言葉の魔術師　今野真二
漱石のこころ　赤木昭夫
夏目漱石　十川信介
村上春樹は、むずかしい　加藤典洋
「私」をつくる　近代小説の試み　安藤宏
現代秀歌　永田和宏
言葉と歩く日記　多和田葉子
近代秀歌　永田和宏
杜甫　川合康三
古典力　齋藤孝
食べるギリシア人　丹下和彦
和本のすすめ　中野三敏
老いの歌　小高賢
魯迅◆　藤井省三
ラテンアメリカ十大小説　木村榮一

正岡子規　言葉と生きる　坪内稔典
ヴァレリー　清水徹
白楽天　川合康三
ぼくらの言葉塾　ねじめ正一
季語の誕生　宮坂静生
和歌とは何か　渡部泰明
小林多喜二　ノーマ・フィールド
いくさ物語の世界　日下力
漱石　母に愛されなかった子　三浦雅士
中国名文選　興膳宏
アラビアンナイト　西尾哲夫
小説の読み書き　佐藤正午
学力を育てる　志水宏吉
季語集◆　坪内稔典
森鷗外　文化の翻訳者　長島要一
英語でよむ万葉集　リービ英雄
源氏物語の世界　日向一雅
花のある暮らし　栗田勇
読書力　齋藤孝

岩波新書新赤版一〇〇〇点に際して

ひとつの時代が終わったと言われて久しい。だが、その先にいかなる時代を展望するのか、私たちはその輪郭すら描きえていない。二〇世紀から持ち越した課題の多くは、未だ解決の緒を見つけることのできないままであり、二一世紀が新たに招きよせた問題も少なくない。グローバル資本主義の浸透、憎悪の連鎖、暴力の応酬——世界は混沌として深い不安の只中にある。

現代社会においては変化が常態となり、速さと新しさに絶対的な価値が与えられた。消費社会の深化と情報技術の革命は、種々の境界を無くし、人々の生活やコミュニケーションの様式を根底から変容させてきた。ライフスタイルは多様化し、一面では個人の生き方をそれぞれが選びとる時代が始まっている。同時に、新たな格差が生まれ、様々な次元での亀裂や分断が深まっている。社会や歴史に対する意識が揺らぎ、普遍的な理念に対する根本的な懐疑や、現実を変えることへの無力感がひそかに根を張りつつある。そして生きることに誰もが困難を覚える時代が到来している。

しかし、日常生活のそれぞれの場で、自由と民主主義を獲得し実践することを通じて、私たち自身がそうした閉塞を乗り超え、希望の時代の幕開けを告げてゆくことは不可能ではあるまい。そのために、いま求められていること——それは、個と個の間で開かれた対話を積み重ねながら、人間らしく生きることの条件について一人ひとりが粘り強く思考することではないか。その営みの糧となるものが、教養に外ならないと私たちは考える。歴史とは何か、よく生きるとはいかなることか、世界そして人間はどこへ向かうべきなのか——こうした根源的な問いとの格闘が、文化と知の厚みを作り出し、個人と社会を支える基盤としての教養となった。まさにそのような教養への道案内こそ、岩波新書が創刊以来、追求してきたことである。

岩波新書は、日中戦争下の一九三八年一一月に赤版として創刊された。創刊の辞は、道義の精神に則らない日本の行動を憂慮し、批判的精神と良心的行動の欠如を戒めつつ、現代人の現代的教養を刊行の目的とする、と謳っている。以後、青版、黄版、新赤版と装いを改めながら、合計二五〇〇点余りを世に問うてきた。そして、いままた新赤版が一〇〇〇点を迎えたのを機に、人間の理性と良心への信頼を再確認し、それに裏打ちされた文化を培っていく決意を込めて、新しい装丁のもとに再出発したいと思う。一冊一冊から吹き出す新風が一人でも多くの読者の許に届くこと、そして希望ある時代への想像力を豊かにかき立てることを切に願う。

（二〇〇六年四月）

向井和美

翻訳家．東京都内の私立中高一貫校の図書館司書．早稲田大学第一文学部卒業．訳書に『プリズン・ブック・クラブ――コリンズ・ベイ刑務所読書会の一年』，『100の思考実験――あなたはどこまで考えられるか』，『アウシュヴィッツの歯科医』(以上，紀伊國屋書店)，『内向的な人こそ強い人』(新潮社)，『哲学の女王たち』(晶文社) など．

読書会という幸福　岩波新書(新赤版)1932

2022年6月17日　第1刷発行

著　者　向井和美《むかいかずみ》

発行者　坂本政謙

発行所　株式会社 岩波書店
〒101-8002 東京都千代田区一ツ橋 2-5-5
案内 03-5210-4000　営業部 03-5210-4111
https://www.iwanami.co.jp/

新書編集部 03-5210-4054
https://www.iwanami.co.jp/sin/

印刷・理想社　カバー・半七印刷　製本・中永製本

ISBN 978-4-00-431932-0　　Printed in Japan

読書会課題本リスト(1987〜2022年)

1987年に始まったわたしたちの読書会がこれまで取りあげてきた本をリストにしてみました．なお，著者名の表記は各書籍の表紙に合わせています．

1987年

ロジェ・マルタン・デュ・ガール『チボー家の人々』1〜3(山内義雄訳，白水Uブックス)

1988年

ロジェ・マルタン・デュ・ガール『チボー家の人々』4〜10(山内義雄訳，白水Uブックス)

1989年

ロジェ・マルタン・デュ・ガール『チボー家の人々』11〜13(山内義雄訳，白水Uブックス)

ロマン・ロラン『ジャン・クリストフ』1〜2(新庄嘉章訳，新潮文庫)

1990年

ロマン・ロラン『ジャン・クリストフ』3〜4(新庄嘉章訳，新潮文庫)

1991年

ヴェルコール『海の沈黙・星への歩み』(河野與一・加藤周一訳，岩波文庫)

ジッド『狭き門』(山内義雄訳，新潮文庫)

——『田園交響楽』(神西清訳，新潮文庫)

ラファイエット夫人『クレーヴの奥方』(青柳瑞穂訳，新潮文庫)

サン＝テグジュペリ『夜間飛行』(堀口大學訳，新潮文庫)

——『人間の土地』(堀口大學訳，新潮文庫)

1992年

モーリヤック『テレーズ・デスケイルゥ』(杉捷夫訳，新潮文庫)
アゴタ・クリストフ『悪童日記』(堀茂樹訳，早川書房)
ルナアル『にんじん』(岸田国士訳，岩波文庫)

1993年

メリメ『カルメン』(堀口大學訳，新潮文庫)
デュマ・フィス『椿姫』(新庄嘉章訳，新潮文庫)
マルセル・プルースト『失われた時を求めて 1』(井上究一郎訳，ちくま文庫)

1994年

マルセル・プルースト『失われた時を求めて 2』(井上究一郎訳，ちくま文庫)
コレット『青い麦』(堀口大學訳，新潮文庫)
ジョルジュ・サンド『愛の妖精』(宮崎嶺雄訳，岩波文庫)
ルソー『孤独な夢想者の散歩』(青柳瑞穂訳，新潮文庫)
アナトール・フランス『少年少女』(三好達治訳，岩波文庫)

1995年

オースティン『自負と偏見』上・下(中野好夫訳，新潮文庫)
テネシー・ウィリアムズ『欲望という名の電車』(小田島雄志訳，新潮文庫)
ロスタン『シラノ・ド・ベルジュラック』(辰野隆・鈴木信太郎訳，岩波文庫)
ヴォルテール『カンディード』(吉村正一郎訳，岩波文庫)
サルトル『水いらず』(伊吹武彦・白井浩司・窪田啓作・中村真一郎訳，新潮文庫)
チェーホフ『可愛い女・犬を連れた奥さん 他一篇』(神西清訳，岩波文庫)

1996年

ドストエフスキー『貧しき人びと』(木村浩訳，新潮文庫)

——『白夜』(小沼文彦訳，角川文庫)

——『死の家の記録』(工藤精一郎訳，新潮文庫)

——『虐げられた人びと』(小笠原豊樹訳，新潮文庫)

——『地下室の手記』(江川卓訳，新潮文庫)

——『罪と罰』上・下(工藤精一郎訳，新潮文庫)

——『賭博者』(原卓也訳，新潮文庫)

1997年

ドストエフスキー『白痴』上・下(木村浩訳，新潮文庫)

——『悪霊』上・下(江川卓訳，新潮文庫)

ニーチェ『ツァラトゥストラ』上・下(吉沢伝三郎訳，ちくま学芸文庫)

1998年

ドストエフスキー『カラマーゾフの兄弟』上・中・下(原卓也訳，新潮文庫)

サファイア『プッシュ』(東江一紀訳，河出書房新社)

モーパッサン『脂肪の塊・テリエ館』(青柳瑞穂訳，新潮文庫)

——『モーパッサン短編集1』(青柳瑞穂訳，新潮文庫)

1999年

モーパッサン『モーパッサン短編集2』(青柳瑞穂訳，新潮文庫)

トーマス・マン『ブッデンブローク家の人々』上・中・下(望月市恵訳，岩波文庫)

カミュ『ペスト』(宮崎嶺雄訳，新潮文庫)

——『革命か反抗か』(佐藤朔訳，新潮文庫)

——『転落・追放と王国』(佐藤朔・窪田啓作訳，新潮文庫)

ラディゲ『ドルジェル伯の舞踏会』(生島遼一訳，新潮文庫)

——『肉体の悪魔』(新庄嘉章訳，新潮文庫)

2000年

コンスタン『アドルフ』（新庄嘉章訳，新潮文庫）
モリエール『守銭奴』（鈴木力衛訳，岩波文庫）
――『ドン・ジュアン』（鈴木力衛訳，岩波文庫）
――『人間ぎらい』（内藤濯訳，新潮文庫）
ドリス・グランバック『静けさと沈黙のなかで』（東江一紀訳，角川書店）
バルザック『知られざる傑作 他五篇』（水野亮訳，岩波文庫）
――『ゴリオ爺さん』（平岡篤頼訳，新潮文庫）
作者不詳『ラサリーリョ・デ・トルメスの生涯』（会田由訳，岩波文庫）
バルザック『従妹ベット』上・下（平岡篤頼訳，新潮文庫）

2001年

チェーホフ『桜の園・三人姉妹』（神西清訳，新潮文庫）
――『かもめ』（神西清訳，新潮文庫）
――『ワーニャ伯父さん』（神西清訳，新潮文庫）
ツルゲーネフ『はつ恋』（神西清訳，新潮文庫）
バルザック『幻滅』上・下（野崎歓・青木真紀子訳，藤原書店）
フランソワーズ・サガン『逃げ道』（河野万里子訳，新潮文庫）
ミラン・クンデラ『存在の耐えられない軽さ』（千野栄一訳，集英社文庫）

2002年

ミラン・クンデラ『不滅』（菅野昭正訳，集英社文庫）
ゾラ『居酒屋』（古賀照一訳，新潮文庫）
――『ナナ』（川口篤・古賀照一訳，新潮文庫）
ジャン・ジュネ『泥棒日記』（朝吹三吉訳，新潮文庫）

2003年

マルグリット・デュラス『モデラート・カンタービレ』（田中倫郎訳，河出文庫）

トルストイ『イワン・イリッチの死』(米川正夫訳，岩波文庫)
——『人はなんで生きるか』(中村白葉訳，岩波文庫)
——『幼年時代』(藤沼貴訳，岩波文庫)
——『少年時代』(藤沼貴訳，岩波文庫)
——『青年時代』(米川正夫訳，岩波文庫)
——『アンナ・カレーニナ』上・中・下(木村浩訳，新潮文庫)
——『クロイツェル・ソナタ　悪魔』(原卓也訳，新潮文庫)

2004年
トルストイ『光あるうちに光の中を歩め』(米川正夫訳，岩波文庫)
——『人生論』(原卓也訳，新潮文庫)
——『戦争と平和』1〜4(工藤精一郎訳，新潮文庫)
——『復活』上(原久一郎訳，新潮文庫)

2005年
トルストイ『復活』下(原久一郎訳，新潮文庫)
プーシキン『スペードの女王・ベールキン物語』(神西清訳，岩波文庫)
——『オネーギン』(池田健太郎訳，岩波文庫)
ゴーゴリ『外套・鼻』(平井肇訳，岩波文庫)
——『狂人日記 他二篇』(横田瑞穂訳，岩波文庫)
『フランス短篇傑作選』(山田稔編訳，岩波文庫)

2006年
マルモンテル『インカ帝国の滅亡』(湟野ゆり子訳，岩波文庫)
ツルゲーネフ『父と子』(工藤精一郎訳，新潮文庫)
プーシキン『大尉の娘』(神西清訳，岩波文庫)
アナトール・フランス『シルヴェストル・ボナールの罪』(伊吹武彦訳，岩波文庫)
ラクロ『危険な関係』上・下(伊吹武彦訳，岩波文庫)
バルザック『あら皮』(小倉孝誠訳，藤原書店)
ゲーテ『ファウスト』第一部(池内紀訳，集英社文庫)

2007年
ゲーテ『ファウスト』第二部(池内紀訳，集英社文庫)
——『若きウェルテルの悩み』(高橋義孝訳，新潮文庫)
ヘルマン・ヘッセ『青春は美わし』(高橋健二訳，新潮文庫)
——『デミアン』(高橋健二訳，新潮文庫)
——『シッダールタ』(高橋健二訳，新潮文庫)
——『春の嵐』(高橋健二訳，新潮文庫)
——『荒野のおおかみ』(高橋健二訳，新潮文庫)
——『知と愛』(高橋健二訳，新潮文庫)
バルザック『知られざる傑作 他五篇』(水野亮訳，岩波文庫)
——『「絶対」の探究』(水野亮訳，岩波文庫)
ボリス・ヴィアン『日々の泡』(曽根元吉訳，新潮文庫)

2008年
サン゠テグジュペリ『星の王子さま』(河野万里子訳，新潮文庫)
ジャレド・ダイアモンド『文明崩壊』上・下(楡井浩一訳，草思社)
フローベール『感情教育』上・下(生島遼一訳，岩波文庫)
ヴィクトル・ユゴー『ヴィクトル・ユゴー文学館　第二巻〜第四巻　レ・ミゼラブル 1〜3』(辻昶訳，潮出版社)
トルストイ『トルストイ民話集　イワンのばか 他八篇』(中村白葉訳，岩波文庫)
マルセル・プルースト『失われた時を求めて』1〜2(鈴木道彦訳，集英社文庫)

2009年
マルセル・プルースト『失われた時を求めて』3〜6(鈴木道彦訳，集英社文庫)

2010年
マルセル・プルースト『失われた時を求めて』7〜11(鈴木道彦訳，集英社文庫)

2011年

マルセル・プルースト『失われた時を求めて』12〜13(鈴木道彦訳, 集英社文庫)

コレット『青い麦』(河野万里子訳, 光文社古典新訳文庫)

サルトル『嘔吐』(鈴木道彦訳, 人文書院)

トーマス・マン『トーニオ・クレーガー 他一篇』(平野卿子訳, 河出文庫)

ヴィクトール・E・フランクル『夜と霧　新版』(池田香代子訳, みすず書房)

北杜夫『夜と霧の隅で』(新潮文庫)

クリスチャン・ガイイ『風にそよぐ草』(河野万里子訳, 集英社文庫)

2012年

クリスチャン・ガイイ『ある夜、クラブで』(野崎歓訳, 集英社)

カート・ヴォネガット・ジュニア『母なる夜』(飛田茂雄訳, ハヤカワ文庫)

——『スローターハウス5』(伊藤典夫訳, ハヤカワ文庫)

レヴィ=ストロース『悲しき熱帯』1・2(川田順三訳, 中公クラシックス)

ドン・ウィンズロウ『犬の力』上・下(東江一紀訳, 角川文庫)

ライマン・フランク・ボーム『オズの魔法使い』(河野万里子訳, 新潮文庫)

G・ガルシア=マルケス『予告された殺人の記録』(野谷文昭訳, 新潮文庫)

2013年

ドン・ウィンズロウ『ストリート・キッズ』(東江一紀訳, 創元推理文庫)

イレーヌ・ネミロフスキー『フランス組曲』(野崎歓訳, 白水社)

モーパッサン『ベラミ』(中村佳子訳, 角川文庫)

ユベール・マンガレリ『おわりの雪』(田久保麻理訳, 白水社)

ロジェ・マルタン・デュ・ガール『チボー家の人々』1〜4(山内義雄訳, 白水Uブックス)

2014年

ロジェ・マルタン・デュ・ガール『チボー家の人々』5〜9(山内義雄訳, 白水Uブックス)

2015年

ロジェ・マルタン・デュ・ガール『チボー家の人々』10〜13(山内義雄訳, 白水Uブックス)

フランソワーズ・エリチエ『人生の塩』(井上たか子・石田久仁子訳, 明石書店)

ジョン・ウィリアムズ『ストーナー』(東江一紀訳, 作品社)

グレアム・グリーン『情事の終り』(上岡伸雄訳, 新潮文庫)

エーリッヒ・フロム『自由からの逃走』(日高六郎訳, 東京創元社)

ミシェル・ウエルベック『服従』(大塚桃訳, 河出書房新社)

2016年

リルケ『マルテの手記』(大山定一訳, 新潮文庫)

アラン＝フルニエ『グラン・モーヌ』(天沢退二郎訳, 岩波文庫)

スヴェトラーナ・アレクシエーヴィチ『戦争は女の顔をしていない』(三浦みどり訳, 岩波現代文庫)

ディケンズ『二都物語』上・下(池央耿訳, 光文社古典新訳文庫)

アン・ウォームズリー『プリズン・ブック・クラブ』(向井和美訳, 紀伊國屋書店)

ロマン・ロラン『ピエールとリュース』(渡辺淳訳, 鉄筆文庫)

2017年

トーマス・マン『魔の山』上・下(高橋義孝訳, 新潮文庫)

メアリー・シェリー『フランケンシュタイン』(芹澤恵訳, 新潮文庫)

ラディゲ『肉体の悪魔』(中条省平訳, 光文社古典新訳文庫)

ガストン・ルルー『オペラ座の怪人』(平岡敦訳，光文社古典新訳文庫)
ユゴー『ノートル＝ダム・ド・パリ』上・下(辻昶・松下和則訳，岩波文庫)

2018年
キャスリン・ストケット『ヘルプ――心がつなぐストーリー』上・下(栗原百代訳，集英社文庫)
ゴールズワージー『林檎の樹』(法村里絵訳，新潮文庫)
マーク・トウェイン『ハックルベリー・フィンの冒けん』(柴田元幸訳，研究社)
――『人間とは何か』(大久保博訳，角川文庫)
フォークナー『八月の光』(黒原敏行訳，光文社古典新訳文庫)
ハーパー・リー『アラバマ物語』(菊池重三郎訳，暮しの手帖社)
ロバート・L・スティーヴンソン『ジキル博士とハイド氏』(田内志文訳，角川文庫)
シェイクスピア『リア王』(福田恆存訳，新潮文庫)

2019年
シェイクスピア『ハムレット』(福田恆存訳，新潮文庫)
――『マクベス』(福田恆存訳，新潮文庫)
――『オセロー』(福田恆存訳，新潮文庫)
モーリアック『テレーズ・デスケルウ』(遠藤周作訳，講談社文芸文庫)
モーム『人間の絆』上・下(中野好夫訳，新潮文庫)
コレット『シェリ』(河野万里子訳，光文社古典新訳文庫)
ジョージ・エリオット『サイラス・マーナー』(小尾芙佐訳，光文社古典新訳文庫)
ヴァージニア・ウルフ『灯台へ』(御輿哲也訳，岩波文庫)
ジェイムズ『ねじの回転』(土屋政雄訳，光文社古典新訳文庫)

2020年
ヴァージニア・ウルフ『ダロウェイ夫人』(土屋政雄訳，光文社古典

新訳文庫）
ラファイエット夫人『クレーヴの奥方』（永田千奈訳，光文社古典新訳文庫）
コンスタン『アドルフ』（中村佳子訳，光文社古典新訳文庫）
カミュ『ペスト』（宮崎嶺雄訳，新潮文庫）
ラディゲ『ドルジェル伯の舞踏会』（渋谷豊訳，光文社古典新訳文庫）
モーム『月と六ペンス』（土屋政雄訳，光文社古典新訳文庫）
ヘミングウェイ『老人と海』（高見浩訳，新潮文庫）
サマセット・モーム『英国諜報員アシェンデン』（金原瑞人，新潮文庫）
ヘミングウェイ『武器よさらば』上・下（金原瑞人訳，光文社古典新訳文庫）
――『移動祝祭日』（高見浩訳，新潮文庫）

2021年
ヘミングウェイ『誰がために鐘は鳴る』上・下（高見浩訳，新潮文庫）
フィッツジェラルド『グレート・ギャツビー』（野崎孝訳，新潮文庫）
アチェベ『崩れゆく絆』（粟飯原文子訳，光文社古典新訳文庫）
カズオ・イシグロ『日の名残り』（土屋政雄訳，ハヤカワ epi 文庫）
――『浮世の画家』（飛田茂雄訳，ハヤカワ epi 文庫）
――『わたしたちが孤児だったころ』（入江真佐子訳，ハヤカワ epi 文庫）
ジッド『狭き門』（中条省平・中条志穂訳，光文社古典新訳文庫）
チャールズ・ディケンズ『大いなる遺産』上・下（加賀山卓朗訳，新潮文庫）
レールモントフ『現代の英雄』（高橋知之訳，光文社古典新訳文庫）
ウラジーミル・ナボコフ『ロリータ』（若島正訳，新潮文庫）
アーザル・ナフィーシー『テヘランでロリータを読む』（市川恵里訳，河出文庫）

2022年
フランソワーズ・サガン『打ちのめされた心は』（河野万里子訳，河

出書房新社）
ネルヴァル『火の娘たち』（野崎歓訳，岩波文庫）
ギッシング『ヘンリー・ライクロフトの私記』（池央耿訳，光文社古典新訳文庫）
J・M・クッツェー『鉄の時代』（くぼたのぞみ訳，河出文庫）